THE HUNDRED LANGUAGES IN MINISTORIES
TOLD BY TEACHERS AND CHILDREN FROM REGGIO EMILIA

瑞吉欧幼儿教育精选译丛
Selected Translation
on Reggio Emilia Approach ®

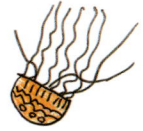

小故事中儿童的一百种语言

来自瑞吉欧·艾米利亚的教师和孩子们

（意）瑞吉欧儿童中心 著

王海英 等 译

南京师范大学出版社

图书在版编目（CIP）数据

小故事中儿童的一百种语言：来自瑞吉欧·艾米利亚的教师和孩子们/(意)瑞吉欧儿童中心著；王海英 等 译.—南京：南京师范大学出版社，2019.8（2025.3重印）
（瑞吉欧幼儿教育精选译丛）
ISBN 978-7-5651-4178-2

Ⅰ.①小… Ⅱ.①意…②王… Ⅲ.①幼儿教育学 Ⅳ.①G610

中国版本图书馆CIP数据核字（2019）第056204号
著作权登记号 图字：10-2022-396 号

The translation is an authorized translation of the Work originally published in U. S. A. in English in Year 2015 by Davis Publications, Inc. under the title of "The Hundred Languages in Ministories – Told by Teachers and Children from Reggio Emilia". © Preschools and Infant-Toddler Centres - Istituzione of the Municipality of Reggio Emilia and Reggio Children s. r. l., Reggio Emilia, Italy
www.reggiochildren.it

All rights reserved. No part to this book may be reproduced or transmitted in any form without prior written authorization.

CHINESE SIMPLIFIED language edition published by NANJING NORMAL UNIVERSITY PRESS copyright © 2019.

本书是经授权的翻译作品。英文原版于2015年由美国戴维斯出版公司出版，书名为"The Hundred Languages in Ministories — Told by Teachers and Children from Reggio Emilia"。版权所有者为瑞吉欧·艾米利亚市幼儿园和婴幼园学会、瑞吉欧儿童中心。

地 址：s.r.l.,Reggio Emilia, Italy
网 址：www.reggiochildren.it

未经事先书面许可不可以任何形式对本书任何内容进行复制和传播。

本书简体中文版由南京师范大学出版社在中国大陆地区出版发行。

丛 书 名	瑞吉欧幼儿教育精选译丛
书 名	小故事中儿童的一百种语言：来自瑞吉欧·艾米利亚的教师和孩子们
作 者	（意）瑞吉欧儿童中心
译 者	王海英 等
策划编辑	万 斌 张泽芳
责任编辑	张泽芳
出版发行	南京师范大学出版社
地 址	江苏省南京市玄武区后宰门西村9号（邮编：210016）
电 话	（025）83598919（总编办） 83598412（营销部） 83598312（邮购部）
网 址	http://press.njnu.edu.cn
电子信箱	nspzbb@njnu.edu.cn
印 刷	江苏扬中印刷有限公司
开 本	787 毫米×960 毫米 1/16
印 张	10.5
字 数	98 千
版 次	2019 年 8 月第 1 版 2025 年 3 月第 4 次印刷
书 号	ISBN 978-7-5651-4178-2
定 价	45.00 元
出 版 人	张 鹏

南京师大版图书若有印装问题请与销售商调换
版权所有 侵权必究

"教师应该放弃那种缺乏记录的单一、静默的工作模式。相反，他们必须探索可以交流与记录孩子在园活动经验的途径。他们应该充分准备高质量的记录材料，和家长进行有效的信息交流。这种交流对孩子和其他教育工作者来说也很重要。我们相信，这种记录与交流可以让家长更好地了解教育，从而改变家长对孩子们生活经验的某些预期和观点。家长会以一种全新的、好奇的目光看待幼儿园的生活经历。对于孩子来说，他们在思考自己所获得的成就时，在理解其中的意义时，会更加好奇，更感兴趣，更有自信。"

洛里斯·马拉古奇

选自 2012 年出版的《儿童的一百种语言：转型时期的瑞吉欧·艾米利亚的经验》（英文版第 3 版）。(The Hundred Languages of Children: The Reggio Emilia Experience in Transformation, 2012, 3rd edition, Ablex Publications, Westport, CT.)

目录
CONTENTS

前言 · I

对英译版本的说明 · III

小故事 · VII

一种支持性的、温情的记录 · X

充满感染力的照片，无限可能性的故事 · XIII

致谢 · XVIII

---

1 捏两只泥巴小马　　　　　　　　　　001

2 弗朗西斯科和纸筒　　　　　　　　　011

3 电话和鞋子　　　　　　　　　　　　016

4 猫和雨　　　　　　　　　　　　　　020

5 不可思议的紫色　　　　　　　　　　022

6 朱利亚——朱利亚们　　　　　　　　024

7 市政剧院的圆柱　　　　　　　　　　026

8 关闭的宇宙飞船　　　　　　　　　　032

9 宇宙飞船　　　　　　　　　　　　　035

10 两个艾丽莎和一个指南针　　　　　　041

11 这只小鸟骗我们　　　　　　　　　　044

12 验证猜想　　　　　　　　　　　　　051

13 信息——借出和交换　　　　　　　　053

The Hundred Languages in Ministories

14 信息	056	27 观察"隐形"的事物	102
15 空信箱	060	28 丹尼尔和金属丝	106
16 鹅和驴子	063	29 爱丽丝和鲸鱼	110
17 情书	066	30 孩子和树的相遇	112
18 一起学	068	31 泥塑自画像	116
19 卷尺的转换、分解和重构	071	32 小雏菊有心脏或大脑吗？	119
20 苹果的价格	076	33 猫	126
21 关于计算成本的思考	081	34 小猫的种子	130
22 朋友的肖像画	086	35 海是从波浪妈妈里长出来的	132
23 感谢天空	092		
24 椅子的稳定性	095		
25 有人坐的椅子	098	参考文献	136
26 构建泥塑桥	100	索引	138

前言

卡拉·里纳尔迪（Carlina Rinaldi）

这些小故事来自于瑞吉欧·艾米利亚师生的历史与生活经验。这些年，我们将这些故事与曾访问过我们学校的家长和学者分。如今，我们把它们分享给那些渴望这些方法的学生们。这些故事是我们聆听和记录的成果。

通过经验在领域间的迁移——如果孩子们有机会在小组间实施这种迁移，并能够聆听他人同时被他人聆听——他们可以表达或者修正自己先前建立的理论，并用生动的语言表达出来。当孩子们表达一种新的概念时，他们同时也发展了该概念。一般而言，当一种概念从一种语言转换成另一种语言时，会变得更加清晰，也获得了更好的定义。用另一种语言构建概念的过程不仅会产生对该概念的新解释，而且会更加丰富概念的内涵。

教育者的任务不仅仅是解释这种差异，而且还要通过这种交流赋予其更加丰富的内涵。这样一来，不仅每个孩

子学会了如何学习，而且他们也意识到应该构建一个可以激发新想法的教学场所。

除了给孩子以支持与协调，教师们通过聆听、观察、记录和解释活动过程，能帮助孩子激发学习的潜能。记录可以被看作是看得见的倾听，它能确保孩子在学习中被观察，确保教师通过观察孩子的学习过程反思自己的教学。

这些小故事——简短可视化的描述，是用录像、录音、笔记、拍照等方式广泛记录的成果。通过这种方式，孩子个体学习与小组学习的学习过程和学习策略得以部分地、主观地呈现。它们使知识建构过程中必不可少的阅读、回顾和评估等部分得以实现，它们也是理解认知的过程以及儿童与成人的关系的必要手段。

对英译版本的说明

艾美利亚·甘贝蒂 莱拉·甘迪尼（Amelia Gambetti and Lella Gandini）

这些简短的故事象征着一种积极的、互动的童年形象。这些年来，它们不断地滋养着瑞吉欧教师高质量的教育工作。同时，它们也启发了美国的教育者们。近年来，还传播到了世界各地。

许多小故事让人十分惊讶与好奇，这并非因为这些孩子有特殊的天分，而是由于他们有能力，因为他们感受到了自己是被聆听、被尊重的，而不只是被指引、被保护。

这些每日故事展现了一系列的行动，它们可以帮助我们理解这些复杂的、充满关注和关系的环境。它让我们一天天地理解孩子们超凡的思维进化过程。

这些故事向读者展示了教师是如何利用相机镜头来观察儿童，捕捉有意义的时刻。这些时刻赋予了学校（幼儿园）生活和教与学的共同目标以意义。

更重要的是，这些故事揭示了成年人的角色，他们通

过提供可改变的活动场景和材料，从而影响并促进儿童的智力发展。教师们总期待获得好的结果，但由于有很多出人意料的事情，教师的计划总是被充满创造性的孩子们打乱。读者可能会惊讶于孩子们的关系和互动的频率。同时，在这种转变当中，孩子们充满想象力的比喻也令人惊叹。

教师们共同创造了一种温和友善的环境，其中的材料十分丰富。这种环境之所以是友善的，是因为教师们会观察和聆听孩子，包括他们特别的兴趣点。正是因为拥有这种强烈的意识，教师得以运用策略、选择和激励。在实际的活动过程中，教师们对活动进行记录、解释，赋予其意义并进行评估，这些都是和孩子们共同完成的。事实上，教师把对儿童的探索和发现看作是自己工作的一部分。

在教师和孩子们明确使用的语言当中，我们可以发现某些方面学习是相互联系的。比如符号性交流的形式可以促进语言和写作能力、数量意识、运用数字的能力、空间表达能力、空间归属感的发展。又如，我们发现一些材料被孩子们从一个地方转移到另一个地方，在这个过程中产生了新的互动、对话和新的可能。我们发现孩子们观察自然事物时总是带着一种解释科学发展的期待，并且在解决问题时常常十分积极主动。

每个故事中，被记录的行为一个接一个地或同时发生，它们为我们分析与解释猜想提供了可能。它们可以发展教师与儿童在选择继续探索还是寻找新的策略上的能力。

时间很重要。在这些故事中，我们可以发现，在这样的环境下孩子们不会有被催促的感觉。孩子们可以探索、建构、解决问题，或仅仅享受分享的时刻。教师们给予时间，同时也把握时间。教师有责任、有权利花时间对所发生的事情进行反思和提问，并和孩子们共同探讨，决定应采取哪些步骤。这是一种研究的态度，它试图建立一种互惠意识，并对学习的发生过程进行真实、可信的评估。

记录可以将学习的愉悦感和孩子的活动与发明的复杂性可视化，是家长参与其中并理解孩子的力量的一种方式。这不仅对于孩子来说十分必要，而且能够鼓励家长支持学校里所有孩子的教育活动。

这种运用彩色照片来讲述故事的形式首先出现在1995年意大利版本的《儿童的一百种语言》里，是在洛里斯·马拉古奇逝世一周年以后。他曾积极参与首次英译版本的准备工作，并最终在1993年完成。他希望书中包含小故事和彩色照片，但该版本并没有实现这个愿望。如今的版本包含了所有的图解故事，实现了许多人长久以来的心愿。

　　洛里斯·马拉古奇十分了解其中的一些故事。事实上，他曾在首次展览中选择了一些故事以阐明瑞吉欧·艾米利亚的哲学与实践思想，他将展览命名为"儿童的一百种语言：描述一种可能"。其中一个值得注意的例子是弗朗西斯科和纸筒，这是马拉古奇最喜欢的故事。他在1988年的马萨诸塞大学展览中展示了这组图片，莱拉·甘迪尼当时担任他的翻译。他用一张张照片向大家描述和分析了这个以10个月大的婴儿为主角的故事，它看起来很简单却又十分特别，引起了在场的30名教师的强烈兴趣与注意。

　　关于这一点我们可以这样问问自己："这些故事过时了吗？对于瑞吉欧·艾米利亚和美国的教育情境来说，有时代的差异吗？"这种差异可能是有的，但不论是对于建立一种积极的儿童文化，还是对于理解活生生的儿童，抑或是教育儿童使其成为21世纪的主动学习者，这些故事中传递的信息都是永恒的、必需的。同时，这些饱含着精妙设计与智慧信息的故事也让我们可以观察儿童，并在设计一些有意义的活动时，呈现出细心能干的教师形象。不仅如此，这些故事也提供了学习的材料，展现了以观察和研究儿童为目的的活动照片。在这些活动中，儿童作为主动探究者而存在。

小故事

塞吉欧·斯帕佳睿（Sergio Spaggiari）

无论何时何地，教学文化似乎都被一种先天的"形象厌倦症"所折磨。事实上，在关于教学法的书中，图像十分少见，无论是插画还是照片。相反，它们通常被浸泡在一堆文字当中。很明显，这是教学法书籍写作的一大弊端，这种偏抽象的写作方式会更趋于用文字来丰富书的内涵而不是用内容，或者使用与内容紧密联系的文字。但是，在一本名叫《儿童的一百种语言》的书中，作者明确强调书中应该包含讲述孩子的故事的图片。

本书中的图片呈现了日常生活中的小而特别的事件。它们来自于瑞吉欧·艾米利亚的婴幼儿中心和幼儿园。我们认为这些图片能够传达一种思考和实践学前教育的方式。我们花了很多篇幅把图片和其他表现形式都呈现在我们的出版物中。也就是一些图像，准确地说，是一系列图像——每张照片都是小故事中的一部分——它们强调学校

（幼儿园）如何成为成年人支持与见证孩子的进步的地方。这一点我们之前说过很多，也写过很多，却很少被记录下来。因此，这里所呈现的图片充满了意图与启发作用，具有激活假设和解释理论的意义。

通常情况下，孩子的图像（包括在这本书里的图像），仅被看作是具有一些审美水准或者是用来鉴定身份的。这种观点剥夺了图像对于辨识意图、含义、因果或关系的解释潜力。这里所呈现的逼真的图像——全部由教育者而不是专业的摄影者所拍摄——传达了一种期望，那就是期望见证孩子们的才智，证明他们的自我管理和自学能力，并展现出孩子们源源不断的创造力和毋庸置疑的合作能力。所以，我们也希望用这些图像给读者带来一些惊喜，而不是冷漠。换句话说，我们不希望读者们"又瞎又聋"，而是希望他们能捕捉到其中的闪光点并赋予其意义。

有时，成人在观察孩子时并没有真正看到他们。同样地，教育者们也可能并没有意识到生活中孩子们最常见的行为也会代表着巨大的进步意义。就像我们听到外语时，我们听到了声音却并不知道它的含义。因此，对于教育工作者来说，他们必须学会观察、记录、解释，并通过不厌其烦的讨论与比较，解释所发生的事情中可能有的意义。当然，对于那些不喜欢记录，或对解释中的不确定之处和学校的探讨中的创造之处不管不问的学校来说，做到这一点很困难。但是教育的未来使命希望我们打开怀抱，去接受这种深度参与带来的快乐和使命感。

带着此种思考，本书中的图像应该被看作是一扇小窗户，这扇窗户可以真正地望向世界——孩子的世界——这个世界常常在没有直接经验的情况下被过分探讨。孩子的世界仍有许多是未知的，这种未知的挑战需要研究者的智慧，而不是"全知者"的猜想。

这十分必要，因为一种新的教育文化应基于孩子的话语、想法和行动，孩子也应该有机会与那些知道如何倾听、可以让信息可视化的教师相遇。

（本部分内容最早出现在1995年出版的意大利版的《儿童的一百种语言》中，这也是第一次与英文版内容同时发表）

一种支持性的、温情的记录

瑞吉欧儿童中心、幼儿园和婴幼儿中心
——瑞吉欧·艾米利亚市的市属幼儿教育机构

    1995年,意大利版的《儿童的一百种语言》首次出版,马拉古奇先生在前一年离世,留给了瑞吉欧学校永远的伤痛。伴随本次的翻译文本,我特此将系列小故事的图像也一同放入书中,这是向马拉古奇先生的特殊致敬。先生如此积极乐观,他对儿童的智慧有着深刻的理解,同时他对通过记录的方式让世人对儿童智慧的理解,也有着十分深刻的见解。

    我们仍然记得,我们首次用记录的新方式,展现过去我们几乎忽略的日常生活片段,展现过去我们在谈及儿童的学习时,常常忽略或遗忘的儿童世界,以及其中的记忆、身体动作与思考方式,马拉古奇是如此激动。

    这种用小故事进行交流的形式起源于1985年,它很快与其他记录形式一同被瑞吉欧·艾米利亚市的各婴幼儿中心、幼儿园广泛接纳。这种方式之所以会被广泛采纳,原因在于这种充满了好奇心的、温柔的记录方式，可以更好且更深刻地理解儿童的想法。

最重要的是，这种记录可以带领我们领略儿童的世界，以及他们学习的方式。这些记录十分丰富，且意义重大。对于那些没有个人观察经验的人来说，他们并没能很好地理解这一点。

用图像来记录孩子在做什么，记录孩子之间的关系，这需要保持高度的注意力，其次还需要拥有对可能发生的事情的预见能力。做到这些不仅需要了解儿童，还需要了解有关图像语言的知识，从而对想要描述的事情进行捕捉、突显和合理解释，这和那些平实而具有先导性的记录十分不同。我们需要学会观察而不只是观看，这是对视觉敏感教育的有效实践，也深深影响了那些用每日说教的方式进行教育的教师们。

多年以后，书中的这些小故事对今天重建学校仍然意义重大。我们带着不变的好奇心，踮起脚尖，温柔而坚定地踏上这片几乎仍为未知的星球。它教会我们不要仅限于捕捉每天发生在我们眼前的事物，这过于短视了。它还激发出教师内心的一种渴望，渴望于让现有的故事更加丰富。因此，我们创造出了一种可以跨越不同环境与文化的系列记录，使这种记录能够更好地得到解释和比较。

除了使用照相机，我们还用到了许多其他的工具和可视化语言。如今我们更多地使用摄像机和数码相机，它们用技术的手段（如光线、孔径、焦点……）在某种程度上改变了过去的"听按键声"的记录方式。这些工具对视觉材料的后期处理十分重要。

新型的数码类工具还有很多，但不变的是瑞吉欧·艾米利亚对观察和记录的重要性的关注，以及教师、教育家、教育工作者们对致力于通过视觉化记录来理解儿童、与儿童沟通的承诺。对于所有对儿童感兴趣，并希望更好地理解儿童世界的人们来说，这种记录的意义重大，且十分合理，极有说服力。

充满感染力的照片,无限可能性的故事

王海英

2017年5月在瑞吉欧马拉古奇国际交流中心第一眼看到这本《小故事中儿童的一百种语言》时,我便被其独特的拍摄视角、持续的充满温情的记录、孩子们无所不能的奇思妙想所折服。回到中国后,我与我的合作者们用了一个暑假的时间将其译好,期待着其在一个适宜的时间与读者们见面。这薄薄的小册子的翻译过程充满了愉悦、惊奇与感叹。2017年恰逢江苏省课程游戏化改革不断深化、不断创生的阶段,我在江苏的无锡、常州、镇江、扬州四个城市开展了从主题墙到儿童海报、幼儿园物种大调查、幼儿园空间大冒险、小小拍客、小小游戏观察员、小主人议事厅、小小园丁、以过程性符号表征为基础的深度学习、儿童思维导图等方面的探索。整个翻译的过程既是向瑞吉欧儿童的一百种语言的学习过程,也是不断地反思自身的实践探索过程。

一、一组充满感染力的照片

在《小故事中儿童的一百种语言》中,最让人折服的首先是一组组视角独特、表情丰富、细节突出的照片。与中国幼儿园老师以"上帝视角""俯视视角"的拍摄角度不同,"小故事"中的照片几乎都是平视视角、仰视视角。不同的拍摄角度传递了不同的儿童观念、不同的师幼关系。

在这些平视视角下的照片中,孩子们的表情真实、饱满、细腻,充满了无法言传的独特感染力。譬如,不可思议的紫色、弗朗西斯科和纸筒、朱利亚——朱利亚们等。在这些照片中,孩子们好奇的眼神、困惑的表情、专注的姿态、肆意的大笑栩栩如生,让人不由得暗自唏嘘。

洛里斯·马拉古奇本人非常偏好这种运用彩色照片来讲述故事的形式,它最早出现在 1995 年意大利版本的《儿童的一百种语言》里。他曾希望英文版也要包含小故事和彩色照片,但英文版本并没有实现这个愿望。如今小故事单独出版,也算是实现了许多人长久以来的心愿。

二、一组无限可能性的小故事

本书中的图片呈现了幼儿园日常生活中小而特别的事件。在这些迷你小故事中,字里行间、画里画外传递着一种积极的儿童文化,一群教育工作者的睿智大爱。

1. 儿童作为主动探究者而存在

正如莱拉·甘迪尼所说，这些简短的故事象征着一种积极的、互动的童年形象。在这些迷你小故事中，无论是作为个体学习者还是小组参与者，孩子们都非常的专注、积极、富有想象力与创造力，他们以其独有的探索世界的方式开启着他们的好奇心之旅，建构着他们的奇妙经验，丰富着他们对世界的多角度认知。

这些令人称奇的小故事，并非来自有特殊天分的孩子，也非经过老师们的刻意筛选，而是真实地反映着瑞吉欧孩子们的日常生活。当老师们充分地敬畏童年、相信儿童，这些非同凡响的迷人小故事便会源源不断地来到我们的身边，支持我们更好地理解儿童，成为儿童生命成长过程中的高质量的陪伴者。

2. 教师的细心观察与主动留白

在这组精彩的小故事中，我们看到的是一群"细心能干的教师形象"，看到他们是如何营造一个有准备的环境，利用相机镜头来观察儿童，捕捉有意义的时刻，支持儿童看得见自己的学习过程，邀请读者分享他们眼里的儿童的学习故事。

显然，在儿童的每一组探索镜头背后，都有老师们的系列留白。首先，情境留白。老师们不是给定一个结构化的活动情境，而是预设与创生了多种可能性，给儿童的自主选择、自主探索、自主联结留有余地。其次，材料留白。无论是弗朗西斯科的纸筒、马克笔，爱利丝的紫色粉末，还是朱利亚的镜子，这些都是老师的主动留白，试图通过刺激儿童与材料的互动来理解材料与材料的关系，建构儿童自己的经验世界。最后，策略留白。孩子们遇到的每一个疑问都没有老师给定的标准答案，而是在儿童自己的好奇心逻辑下不断地向前推进，寻找与尝试适宜的解决问题的方法，并通过支持孩子们的活动分享成为有意义的解决问题的策略。

3. 充满好奇心的、温柔的记录方式

观察儿童——记录儿童——理解儿童——支持儿童，这四个步骤是当下教师专业发展的基本路径。所谓的"记录儿童"并非流水账式的全程记录，亦非有口无心式的全景记录，而是要敏感地捕捉到儿童活动中的精彩瞬间、魔法时刻、问题困境等，采用录像、录音、笔记、拍照等方式细腻呈现儿童的探索过程、困顿场景、顿悟时分，将儿童的学习地图、认知变化轨迹、高阶思维过程、深度学习的契机清晰地呈现出来，建构一个积极的、富有创造力的学习者形象。

除了录像、录音、笔记、拍照等可视化的描述，本书中还有大量的符号性交流，儿童用自己创造的符号性表征再现了他们对世界的独特想象。这些符号性表征不仅可以促进儿童的语言和写作能力、数量意识、运用数字的能力、空间表达能力、空间归属感的发展，还创造了儿童与儿童、儿童与家长、儿童与教师等主体世界的多重联结。

4. 绵延的、流淌的时间感

在本书中，一个个充满好奇心的、温柔的记录，充分展现了瑞吉欧一日生活的日常样态：恬静、悠然而又不慌不忙。在这些故事中，孩子们自己掌控着自己的活动节奏，不会被催促，也不会被拖延。老师们则更多和着孩子的节奏，既给予时间，也把握时间。老师们一方面用心地观察、记录，一方面智慧地规划、设计，支持儿童以舒展的姿态度过一日生活。

本书的成功出版离不开李宏堡、马钰雯两位研究生的大力支持，也离不开南京师范大学出版社张泽芳编辑的辛苦付出，感谢所有为此书的成功出版而努力的人。

2019 年 7 月 29 日

于随园

致谢
CREDITS

照片与故事的选择与协调：维·维奇（Vea Vecchi）。

书中的照片和故事皆由瑞吉欧·艾米利亚的教师、艺术老师和教育者们在1980~1994年记录和设计。所拍摄的婴幼儿中心包括阿克罗巴雷诺（Arcobaleno）婴幼儿中心、切尔维（Cervi）婴幼儿中心、熊猫（Panda）婴幼儿中心和彼得·潘（Peter Pan）婴幼儿中心，所拍摄的市属幼儿园包括戴安娜（Diana）幼儿园、格列佛（Gulliver）幼儿园、聂鲁达（Neruda）幼儿园和拉·维利塔（La Villetta）幼儿园。

书中的照片由西蒙内塔·博塔西尼（Simonetta Bottacini）、吉列娜·卡帕尼（Giuliana Campani）、马拉·大卫李（Mara Davoli）、吉梵丽·皮阿扎（Giovanni Piazza）、米莱拉·罗兹（Mirella Ruozi）、斯蒂凡诺·斯塔罗尼（Stefano Sturloni）和维·维奇（Vea Vecchi）拍摄。

1 捏两只泥巴小马

主角

塞比纳（4岁6个月）　　格劳瑞亚（4岁5个月）

捏两只泥巴小马的视觉表现是通过一种"后观察"的记录技术生成的，这种技术将教师记录的笔记、速记、教师拍摄的照片、儿童语言的音频记录，以及一些已完成的雕塑的照片结合在一起。

一般而言，我们所看到的儿童作品，如类似本文中呈现的一些小型的搭建或雕塑，往往在其制作过程中隐藏着许多的选择、问题、干扰、借与还，甚至一些言语交流等等。这解释了为何在瑞吉欧·艾米利亚的婴幼儿中心以及幼儿园，老师们常常会对孩子的构建过程进行仔细的观察与记录。这里我们用一个小的案例来说明，在案例中我们可以发现，如果我们仅仅只评估最终的作品会漏掉许多元素。而相比于评估最终的作品，教师在构建过程中更容易发现孩子的创造力。

1 捏两只泥巴小马

1. 塞比纳的泥塑马。

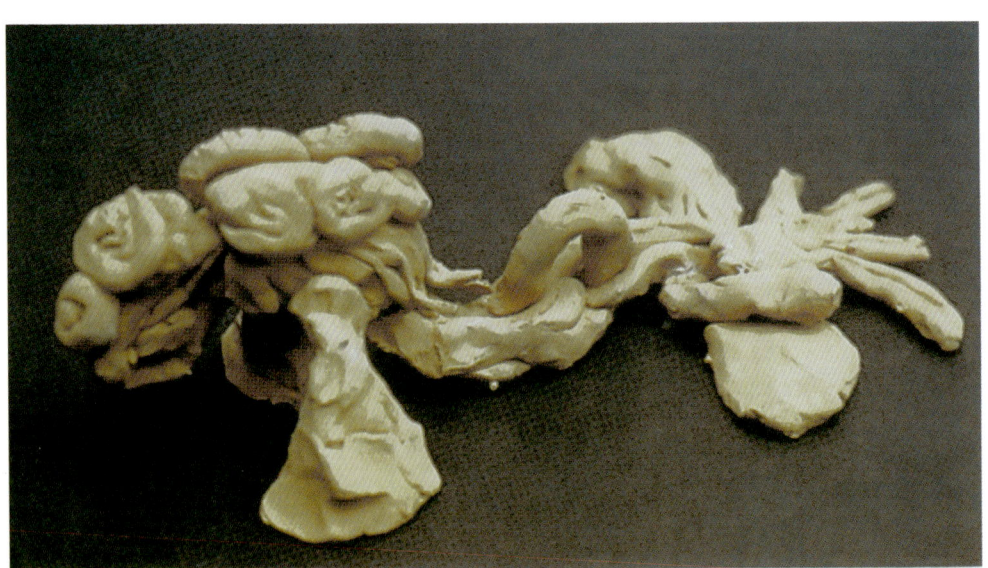

2. 格劳瑞亚的泥塑马。

捏两只泥巴小马

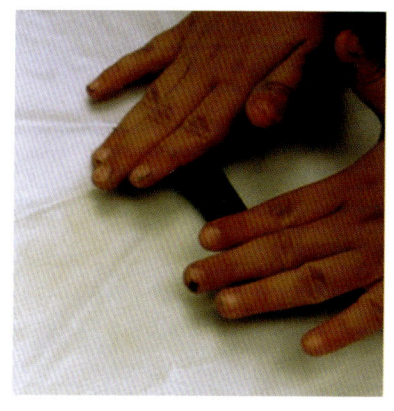

3. 格劳瑞亚开始滚动两小块泥巴。

4.

5.

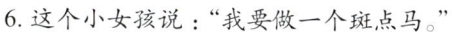

6. 这个小女孩说:"我要做一个斑点马。"

捏两只泥巴小马

7.

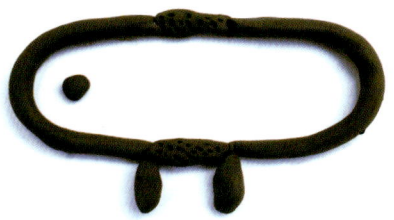

8."我要给它做大大的腿。"

9."它站不起来。拜托,你怎么不能站着不动呢?"

捏两只泥巴小马

10. 脆弱的框架坚持不住，散架了。

11. 然后，小女孩把小马重新平放在桌上，挤压成型。

12. 外部的压力明显改变了小马原先的外形。只有水平状态下的形状象征性地代表了它是那只小马。

13. 这时发生了概念性的跳跃转变：原本的脑袋部分被抬高，成了前腿。女孩将二维图形模式转变成了三维的图形模式。

14. "我的马没有真正地站起来，但是至少它不再晃动了！"

15.

16. "它是一匹母马，它很性感，因为它的毛发是卷卷的。"

17. 格劳瑞亚最终完成的小马泥塑。

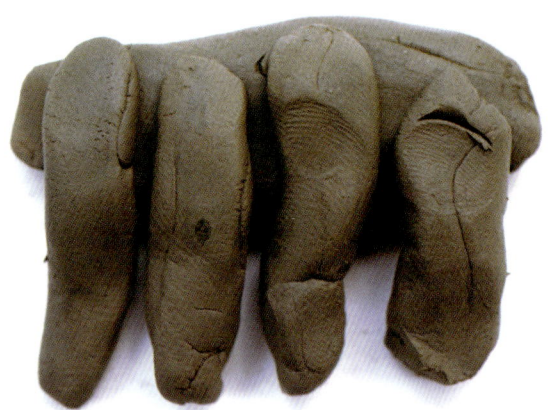

18. 塞比纳的泥塑马。

19. "我把它的腿做得很粗壮！而且我还给它做了蹄子。"

捏两只泥巴小马

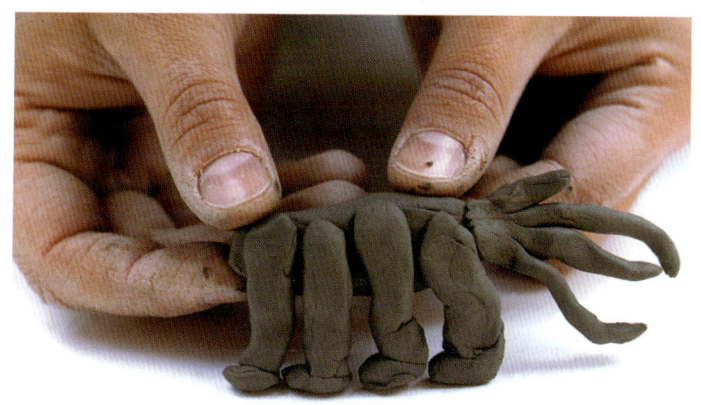

20. 她惊讶地说:"它站不起来!可它有四条腿呀!"

21. 她把小马平放在桌上,继续忙活着。塞比纳看着它并大声评价道:"它看起来像一只小鸟。我的小马有点儿像小兔子,也有点儿像小鸟。"其他的女孩跟着她一起笑了起来。过了一会儿,她又说道:"我完成了,但是它不够坚固,它会倒下来。"

  每个女孩的搭建过程中都有一个十分剧烈的转变,这种重建的过程颠覆了之前的构造,而颠覆的强烈动机是她们想让马站起来。

22. 突然，塞比纳的小马站立了起来。刚刚发生了什么？很明显，塞比纳并没有向躺着的小马屈服，而是想到了一个巧妙的办法……她拿了一小块黏土放在小马的后面，以支撑它站起来。这种站立方式和自行车支架的站立系统十分相似。

23. 塞比纳完成的泥塑马：正面图。

2 弗朗西斯科和纸筒

主角

弗朗西斯科（10个月）

1. 学步儿房间的地板上放着一张包装纸。弗朗西斯科坐在这张包装纸上，抓起纸的一角，撕出了一张张大纸条。

[2] 弗朗西斯科和纸筒

2. 被撕掉的纸卷了起来，呈现出不同大小的纸筒形状。撕纸的游戏似乎吸引了弗朗西斯科一段时间，但是不久他便停了下来。旁观者可能会觉得他的撕纸游戏结束了，因为他现在把注意力转向了马克笔。这些马克笔是老师们有意放在附近的地板上的，一支是黑色的，一支是蓝色的。弗朗西斯科手脚并用地爬向马克笔。

3. 就在他捡起了这两支马克笔后，又手脚并用地径直爬回了纸筒。他捡起纸筒，将其倾斜，并把蓝色的马克笔塞进纸筒里。

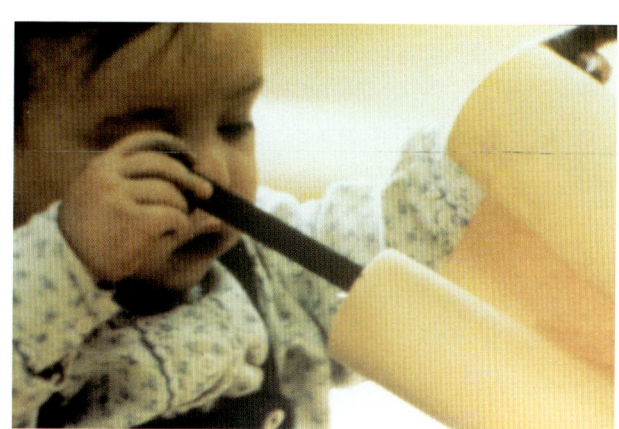

4. 然后他又将黑色马克笔也塞了进去。他露出一副下定决心的样子,似乎在预测和享受下一步即将发生的事情。这个孩子在期待什么呢?

5. 两支马克笔在纸筒里面,从外面无法看到。

6. 弗朗西斯科聚精会神地检查着纸筒的两端。他似乎在说着：马克笔去哪了？为什么它们没有出来？他以前似乎体验过这种将某一小物件放进两端开放的大容器里的游戏。这种情况可能不是第一次遇到，但是马克笔却没有跑出来——好像它们被这个纸筒吞掉了一样。

7. 弗朗西斯科往纸筒里看，这样一来纸筒便倾斜了，两支马克笔再一次回到了他的视线中。

弗朗西斯科和纸筒

8.弗朗西斯科再次抓起马克笔塞进纸筒,同时他把纸筒保持最大的倾斜度。接着,弗朗西斯科重复几次这样的实验,似乎想证实自己的新发现。

电话和鞋子

主角

基娅拉（22个月）　莱蒂齐亚（21个月）

3

1. 基娅拉和莱蒂齐亚在婴幼儿中心的一个安静的空间里，她们正在玩一个普通大小的电话机。（在照片的左下角，我们看到基娅拉之前脱掉了她的一只鞋子）

电话和鞋子 [3]

2. 这个电话机十分吸引人,同时它也需要人们对于已知的或熟悉的动作重新解释。

3. 这个游戏开始发生转变。基娅拉从莱蒂齐亚手里拿走了电话机,并把它放在地上。她继续拿起听筒,并拿起了她的鞋子。

[3] 电话和鞋子

4. 还把鞋子递给了莱蒂齐亚。

5. 莱蒂齐亚开始专心地研究鞋子。

6. 基娅拉将听筒靠在耳边，这时她做出了一个手势，莱蒂齐亚迅速理解了这个手势。她把鞋子当成了电话接收器。两个人打电话的样子十分投入。

7. 游戏仍在继续。在发现了鞋子的魔力后，基娅拉把听筒放回电话机，紧挨着自己，并决定尝试用莱蒂齐亚的鞋子。

8. 她脱掉了莱蒂齐亚的鞋子。

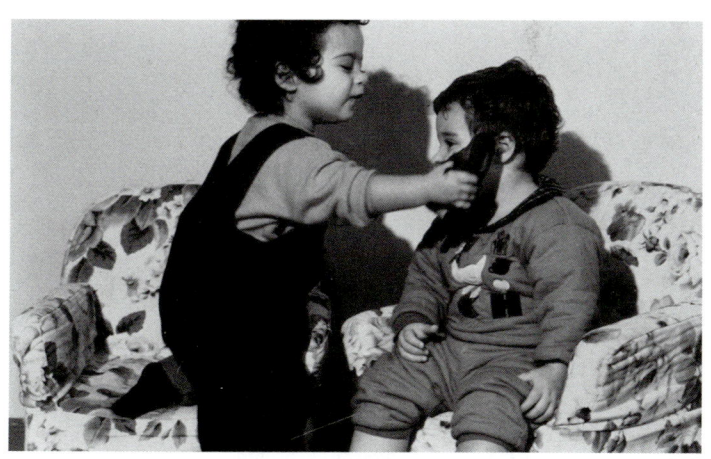

9. 莱蒂齐亚的鞋子会和基娅拉的一样,变成一个电话接收器吗?

猫和雨

主角

塞西莉亚（2岁6个月）　　奥马尔（2岁7个月）

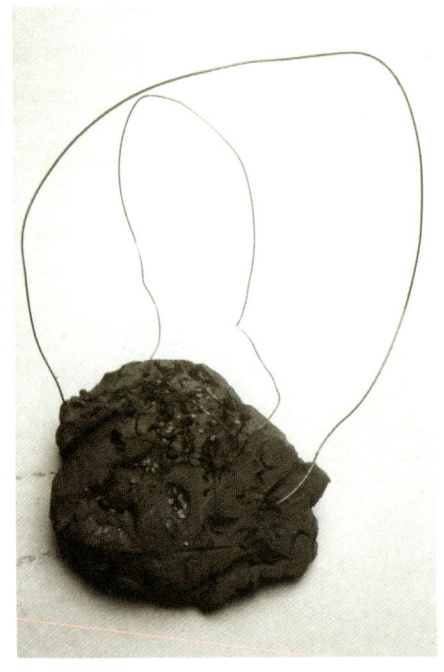

1. 塞西莉亚把两根金属丝插进一块泥土球里，并将金属丝弯曲，说道："做好猫了。"

2. 奥马尔完成了他的泥土作品（他把一些芦苇秆插进了泥土球中），把它摆在塞西莉亚的旁边，说道："做好雨了。"塞西莉亚看着它说："猫被淋湿了。"

3. 塞西莉亚拿起一张纸巾,把它放在自己的作品上,说:"猫被盖起来了。"

> **备注**
>
> 教师准备了一些松软的泥土球和各种材料,孩子们可以自由拿取。在孩子们开始活动的时候,教师并没有一直拿着相机,而是在孩子活动、交流、做动作、说话的时候对其进行记录。这样一来在拍下孩子制作的成品后,还可以标注上孩子的话语。

不可思议的紫色

主角

爱丽丝（18个月）　　马尔塔（22个月）　　艾米莉亚诺（22个月）

1. 教师将大量的水倒进一个大型的玻璃容器中。

2. 彩色粉末被放入容器里，它们开始在水中流动、舞蹈。

3. 粉末产生的形状让孩子们十分意外。

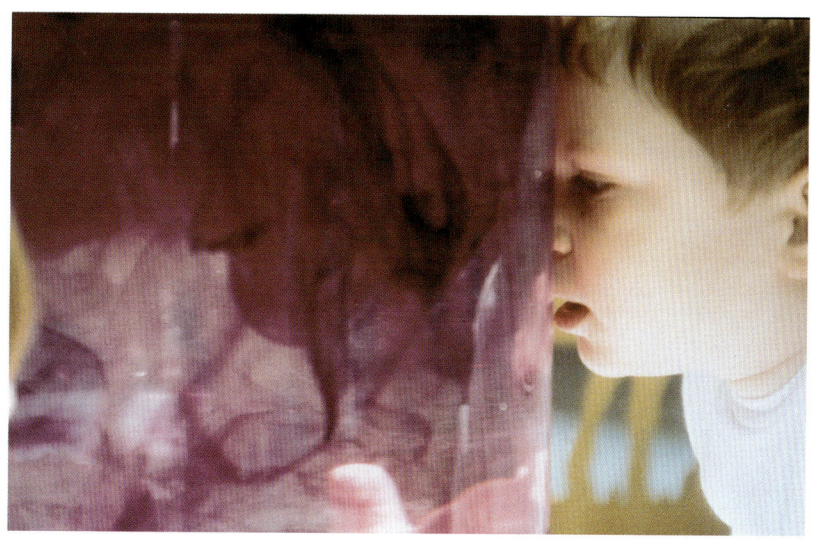

4. 孩子们十分好奇、十分惊讶。

朱利亚——朱利亚们

主角

朱利亚（10个月）　　一面大镜子，两面小镜子

1. 一群孩子坐在大镜子前的地毯上。这群孩子对这个场景十分熟悉，因为这是孩子们每天接触各类物品和进行活动的地方。在这里，教师们精心做着准备，带领孩子们进行新的发现。

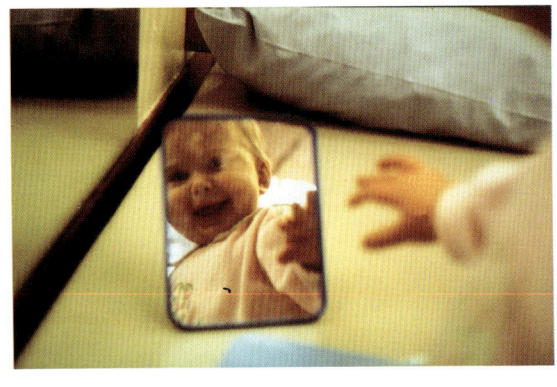

2. 朱利亚似乎对自己手里的镜子中呈现出的形象十分感兴趣。

朱利亚——朱利亚们

3. 突然，她的注意力迅速被转移到了大镜子中的自己。两个影子，是有两个朱利亚？该看小镜子还是大镜子？

4. ……还是都看呢？大镜子底部的小镜子似乎给了朱利亚一个探索机会，她同时摸着两面镜子。她在探索自己的身份吗？镜子里的小孩是谁？他们是谁？

5. 教师又拿给朱利亚另一面小镜子，这个探索似乎更加有趣好玩了。朱利亚并没有不知所措起来，事实上，朱利亚似乎想再次找到她自己，好像自己的各种形象的出现更加确认了她的存在。

市政剧院的圆柱

主角

一群孩子（3岁~3岁7个月）

1. 这群孩子在市政剧院的石柱廊前停下。对于许多成人来说，理解建筑是一件很难的事。在这种情况下，我们陪伴孩子体验建筑，并希望在他们这么小的年纪维持他们对建筑的兴趣，这可能吗？

市政剧院的圆柱 [7]　The Hundred Languages in Ministories

2. 孩子们被圆柱吸引:"有好多这种东西!"

3. 我们移步到石柱廊的另一边以转换视角。孩子们观察着,静默一会儿后,其中三个孩子排起了队,说:"它们是这么摆放的。"其中一个孩子,费德里克,为了看得更准一点,还闭上了一只眼睛。

7 市政剧院的圆柱

4. 接着，亚历桑德罗跑向石柱，用手触摸每一个石柱，一直到石柱廊的尽头，似乎在用身体感受石柱摆放的间隔和顺序。

5. 教师躲在石柱后面说："我在哪里？"孩子们回答道："我们看不见你，因为你藏在后面！"

市政剧院的圆柱 [7] The Hundred Languages in Ministories

6. "它们非常非常高!"

7. "它们被种在上面!"

7　市政剧院的圆柱

8. "它们好胖！"

9. "它们很强壮。得用推土机或者是恐龙才能移动它们！"教师问："这些石柱是用来干什么的？"孩子们说："是为了把所有东西撑起来。""如果其中一个石柱没有了，那么其他石柱就会遇到一点困难。但是如果有许多石柱没有了，那么其余的石柱会突然倒塌。"

10."但是如果它们倒掉了,它们会再长出来的。""对,像头发还有牙齿一样……""但是有的很老的就会永远秃了。"

11.返校前,孩子们在石柱廊前来回跑,像滑雪一样在石柱间绕着,嘴里有节奏地喊道:"里面—外面,里面—外面,里面—外面……"

关闭的宇宙飞船

主角

伊凡诺和斯特凡诺（3岁3个月）

8

1. 一群3岁到3岁半的孩子们在教室里的一个小房间（叫作"迷你工作室"），他们正在自由作画。老师也在现场。

关闭的宇宙飞船 [8]

2. 斯特凡诺向老师和朋友们展示自己的画（我们可以看到他正处于涂鸦阶段），并说道："我画完了。"伊凡诺在他旁边问道："这是什么？"斯特凡诺答："这是一艘宇宙飞船。"伊凡诺用一种不赞同的语气说道："但是我们什么也看不到啊！"斯特凡诺反驳说："因为所有东西都在里面啊，它关上了。"

3. 伊凡诺很生气，突然拿走了斯特凡诺的画。我们注意到伊凡诺的画有着复杂的形状。

4. 伊凡诺开始在斯特凡诺的大作上画画。斯特凡诺显得很不安，但仍看着他画。

(8) 关闭的宇宙飞船

5. 斯特凡诺看着伊凡诺画画，对他的话越来越注意，并产生了兴趣。伊凡诺说："这是个宇航员。"

6. 斯特凡诺露出了开心的表情，烦躁的心情一扫而光。

7. 现在斯特凡诺继续画画，伊凡诺用关爱的眼神给他安慰。

9 宇宙飞船

主角

伊凡诺，卢卡和斯特凡诺（5岁7个月~5岁8个月）

1.

对于教师来说，观察和记录儿童自主发起的游戏十分有趣而且具有指导意义。在这种自主发起的游戏中，儿童会进行一些思考，这与被组织、被安排的传统活动所产生的思考是不同的。观察儿童自主游戏提供了一种学习的可能性，这种可能性与儿童的兴趣和知识结构更加契合。正如我们观察到的游戏活动，我们告诉这群五六岁的孩子，工作室的一部分物品可以用来搭建。他们很开心地接受了我们的提议，找寻了一会儿，然后带着所有认为在搭建过程中可能会用到的东西来到空地上。

[9] 宇宙飞船

2.他们提议建一艘宇宙飞船来探索太空。

3.在项目活动中,孩子们设计了一些人物,并用从家里带来的衣服和首饰来打扮他们。这样一来,宇宙飞船就显得更加真实了。

宇宙飞船 (9)

4. 这些任务开始变得活灵活现。孩子们的声调、动作和语言也变得更加逼真。

5.

6.

7. 一些人物和动物被放置在"X线摄影"（孩子们说的）的机器里面，以便弄清他们到底是真人还是机器人。如果他们是机器人，那么这个管道可以分辨出他们的能量。

8. 在教师同意他们使用梯子来连接天花板后，孩子们发现在垂直方向上对他们的宇宙飞船进行搭建还有更多的可能性。

[9] 宇宙飞船

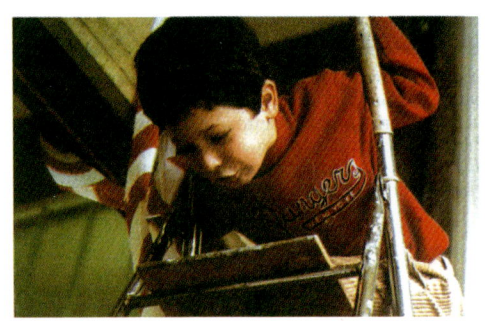

9. 孩子们分享了使用说明和要求。垂直方向的搭建需要孩子们有更加明确的决策和分工合作能力。

10. 一天结束后,这片空地已经完全被孩子们的作品占据,可以看到作品十分复杂而且搭建的目的很明确。

11. 第二天,孩子们回来了,他们想组织一次宇宙探索。他们写下这艘飞船的名字:3X,写下了船员的名字,还画了一幅飞行地图,确定了旅行的目的。他们构建了一个小型社会:一个可以拯救男人、女人、动植物的社会。孩子们用书写和绘画的方式记录下他们的目标。这个特殊的任务被命名为"潘泰拉任务"。

宇宙飞船

12. 伊凡诺在这里的名字是"Compitur"，负责操作电脑。斯特凡诺的名字是"Arrow"，负责防御系统。卢卡的名字是"Ala 2X"，负责控制飞行。他们还制作了一个控制面板，用来收集飞行中的数据。

13. 这幅地图需要多加关注。第一个点是从地球出发的起始点。他们用箭头和线标注了不同的路线。黑线是星际探索线路，蓝线和绿线是找寻宝藏和能源的线路。他们还标注了可能遇到的土星、木星、太阳、太空城市、彗星和太空怪兽。两个可能会发现小行星的地方被标注了危险的记号："注意！"他们还描绘了一个可能在多维空间发生的短暂之旅，在那里他们会以光速来飞行。

14. 孩子们在地图上讨论飞行方向,并达成一致。

15. 电脑成了航行中的引擎和指令中心。所有的飞行指令和太空中发送、接收到的信息都来自电脑。突然,他们遇到了一个外星人和不明飞行物,或是孩子口中的"UFO"。对外星人应该说点什么呢?如何和他们交流?他们正在太空中向一种未知的生命形态靠近,而这种生物可能是十分危险的。

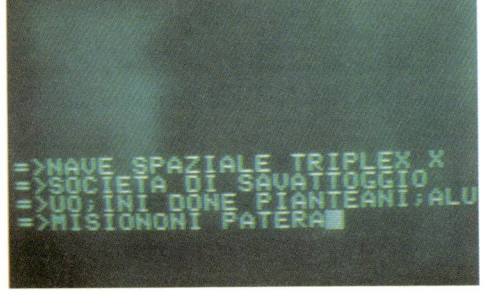

16. 孩子们决定向太空反复发送争取和平的信息"我们是朋友"。但是外星人并没有回复,可能他们根本不能理解这句话,又或者是感到害怕了。

17. 孩子们表明了自己的身份和特别的目的,并将飞船上的信息也写了上去:"宇宙飞船3X,一个可以拯救男人、女人、动植物的社会,潘泰拉任务。"

10 两个艾丽莎和一个指南针

主角

艾丽莎 F 和艾丽莎 M（5 岁零几个月）

1. 艾丽莎 F 和艾丽莎 M 决定画自己和自己的影子。她们研究影子已经有一段时间了。

2. 艾丽莎 M 在画画。

3. 她们对于第一幅画有着十分不同的解释。

4. 老师建议她们走出去，到太阳下验证自己的猜想。她们走到了院子里。

〔10〕 宇宙飞船

5. 艾丽莎 F 说："我想我可能有点错了。我真正的影子是全黑的，而且是和我的脚连起来的。"艾丽莎 M 回答道："而且你还要把它的头朝下，有一点靠边。"

6.

宇宙飞船 [10]

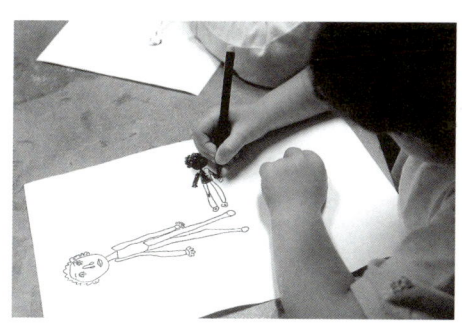

7. 艾丽莎 M 返回教室继续画画，并将之前的影子涂黑。

8. 艾丽莎 M 转身去帮助艾丽莎 F："你没有看到你画得太远了吗？我不知道你为什么没有把脚连起来！"艾丽莎 F 说："我想怎么样就怎么样。我可以把它剪下来然后把它们摆得近一点。"但是艾丽莎 M 说："你不能想怎么画就怎么画，你得按照影子的想法来！"

9. 两个艾丽莎继续画自己的画。"太阳比较好画，它想待在小朋友的这边，我已经知道了！"

10. 她们画完了。

这只小鸟骗我们

主角 艾伦（4岁1个月）

玛利亚·塔莉莎（3岁8个月）　维罗妮卡（3岁8个月）

11

孩子们正在角色扮演区的墙壁旁玩耍。

贴在玻璃窗上的纸质鸟和墙上的影子有什么关系呢？

· 我们可以让这只影子鸟停下来吗？

· 是谁挪动它们了吗？

· 为什么抓住这只影子鸟这么难呢？

今天，针对这些问题的讨论表明，孩子们在比较感知的理论和规律时会从很多方法中选择一种，这表明他们的意识薄弱有待提高。孩子们很快明白了以下四点：

· 在思考和表达他们对于事物的想法时，语言是不可缺少的。

· 理解一些事物通常意味着需要改变他们自己的语言和想法。

· 一些改变通常发生在与其他孩子和成人的谈话过程中。

· 这种改变如果发生了，那么孩子通常会感觉到一些细微的变化，比如身体、情感、思维、与事物和其他人的关系等。

1."快来看，这里有一只小鸟。"

这只小鸟骗我们 【11】

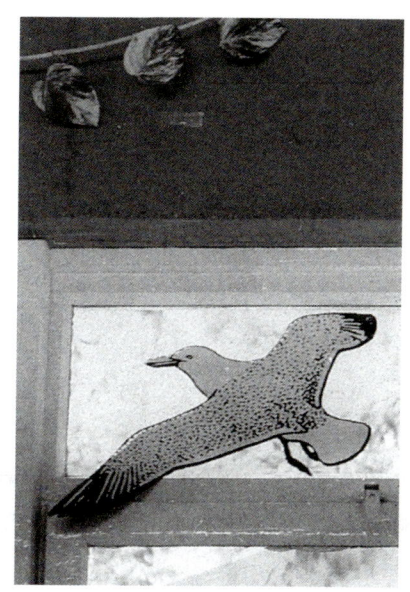

2.

3."是那只鸟把影子送到这里的。"她指着贴在玻璃窗顶上的纸质鸟。

4. 老师说:"这是那只鸟的影子。我们来用彩笔画下它的轮廓吧,这样我们就能看得更清楚了。然后我们出去玩,等我们再回到这里的时候我们再看看它。"

5. 不一会儿，孩子们回来了。

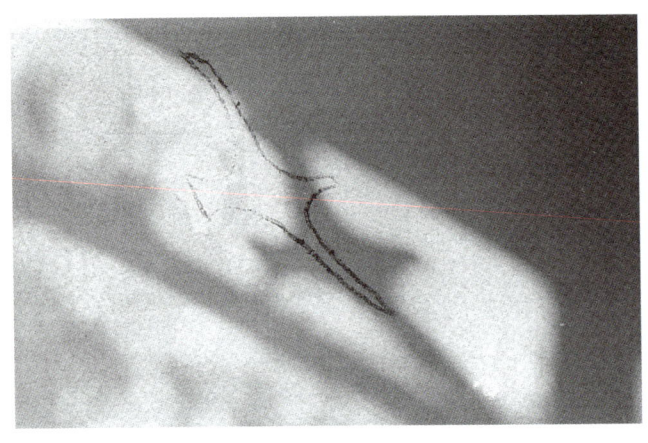

6."影子没在这里了！""但是我看到了鸟嘴。哇，它看起来像个老鹰！""这是它……是太阳从那边来然后打在这里的。""但是这还是那个影子……我觉得它动过了……"

这只小鸟骗我们 [11]

7."因为那个鸟飞走了,它飞到角色扮演区了。"

8."来吧!我们来让它停下来。"老师说:"我们怎么才能让它停下来呢?"

9."我们得贴点胶带。我们要贴很多,那它就动不了了。我们给它做一个笼子。"

[11] 这只小鸟骗我们

10. 孩子们去院子里玩了,但是过了一会它们回来检查……

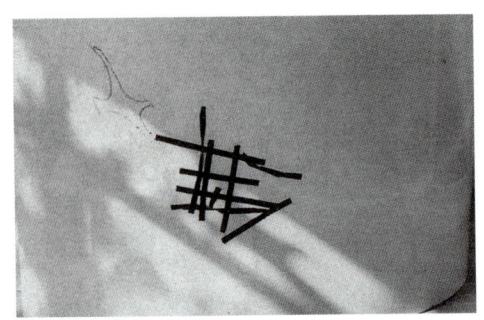

11. "这只鸟自己跑了!我们必须得让它停下,我们要用手……或者是用其他东西……""去厨房拿点面包。我们去拿点面包屑,这样它就会停下来吃了。"

12. "它下来了。待会儿它就会发现面包屑了,就会来吃了。""拿着,吃吧,很好吃的。"

13.

14. "它不愿意停下来。我们要给它做一个房子吗?"

15. "我们可以在里面放扶手椅、床还有电视……"

16. "它没有进到房子里。看!它走到房子的墙上了。我们应该给它做个更漂亮的房子吗?"

17. "我要跳到它身上!或者我要拿根带子绑在它的脖子上。""不行,拜托,它喜欢自由,而且不管怎样它也不会停下来的。""我们去找大孩子去(班里一些5岁大的孩子),看看他们能不能想想办法。"

18. "我们没法让那只鸟停下来。我们在它身上贴了胶带,它还是不停下来。我们给了它面包屑,它也不停下来。我们还给它盖了个房子,可它还是不停下……"

19. "是这只小鸟的影子在跑。如果这只小鸟跑了,那么它的影子也会跑的。比如说,如果这只鸟的影子移动了,看到了地上的面包屑还有旁边围着的人,那么这只鸟听到声音就会跑掉了。"

20. 孩子们听从了艾丽莎的意见。"它飞走了……它走了。我真的不知道怎么才能让它停下来。"

21. 第二天,孩子们发现这只鸟的影子的移动轨迹和前一天它们记录的一样。"我知道它为什么走一样的路线:因为它永远在假装一只鸟,它和窗户上的那只形状是一样的。""它走同样的路线是因为它喜欢。第二天太阳回来的时候,太阳光知道它要走前一天走过的路,太阳在指挥它。"

12 验证猜想

丹妮拉，维罗妮卡，皮耶·路易吉，汤姆玛索 **主角**

（3岁8个月~4岁4个月）

1. "我的影子现在在哪儿？它可能和彼得潘的影子一样消失了？但是不对……它在这儿！"

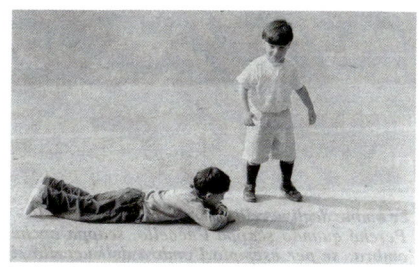

2. "可以用一个大石头来盖住影子。""如果想让影子消失，可以躺在地上，这样就看不见影子了。如果想让影子消失，那么就得让这个小孩消失。"

3. "你可以用小石子盖住影子。许多许多的小石子。"

4."但是它们盖不住影子。""我们应该让影子爆炸吗?""我们需要一场暴风雨。"

5."我们可以用床单试试,我们去拿一个!"

6."它还是盖不住……这里反射出了一个我,维罗妮卡也有一个她的影子。"

13 信息——借出和交换

伯纳黛特（3岁3个月） **主角**

菲利普（3岁4个月）　艾丽莎（3岁2个月）

1. 在观察3岁的孩子们时，我们发现他们每一天、每个瞬间都在做交易，借出或者归还他们从家里带来的小物件。这些小手之间交换的小物件被赋予了很多意义，有时甚至是语言的替代品。

2. 这是我们记录的许多案例中的一个。一天早上，伯纳黛特带着两个小玩偶来到学校。她拿了很久之后……

13　信息——借出和交换

3.她决定借一个玩偶给菲利普。这在伯纳黛特和菲利普之间引发了一种特别的关系。但是,作为交换,伯纳黛特要求菲利普必须完全服从于她。

4.建立了与菲利普的关系之后,过了一会,伯纳黛特拿走了菲利普的玩偶,去跟艾丽莎建立新的关系。

信息——借出和交换 [13]　The Hundred Languages in Ministories

5.

6. 在分享图画书的时候，这种友谊显得更加牢固了。

7. 这种友谊一直持续到午餐时间，两个玩偶坐在这两个女孩前面的桌上。之后，它们可以用来建立新的联盟关系。

信息

主角

孩子们（2岁9个月~3岁7个月）

我们构建了一个有许多小信箱的空间，以鼓励和支持孩子们进行交换和交流：每个孩子都有一个信箱，教师有一个，艺术教师有一个，厨师有一个。

我们选择了透明的信箱。我们认为通过使信息可视化可以向孩子们传达一个信息：信箱的使用不受成人的干扰和指挥。

每个孩子都可以找到自己的和朋友们的信箱，因为信箱上贴有他们的照片和名字。

我们认为孩子们可以从直接交换小物品向间接交换转变，比如通过这个小箱子交换更加抽象的友谊信物。

1.

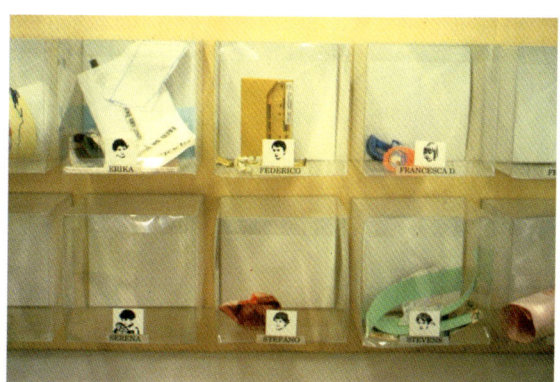

2.

3.

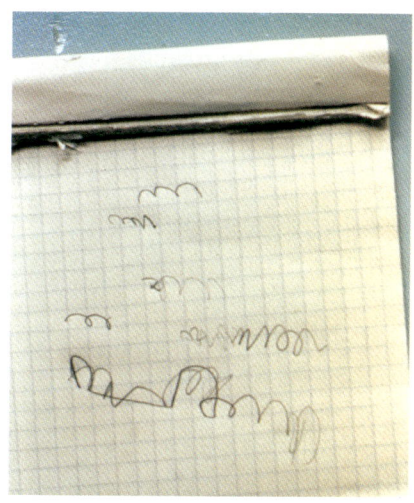

4.

5.

[14] 信息

6.

7.

8. 很快,孩子们发现从小箱子里收到小物品会提升一种期待感。

9.

10.

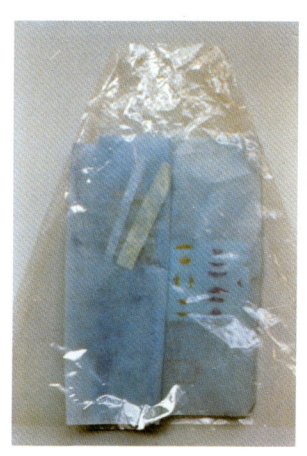

11.

12.

早晨，孩子们常常去查看箱子里是否有物品。他们也会放一些小东西到箱子里（有时他们会放在自己的箱子里面），他们会选择一个或几个箱子，他们也开始期待自己作为"送礼物的人"被辨认出来。

这个迷你工作室关闭后，孩子们的手里有很多物品，他们可以轻易地处理好这些物品，并且在任何时候都可以把它转换成信息。根据我们对孩子的兴趣和交易的观察，我们推测它可能的确是从一种直接交换转换成一种间接的、用抽象的形式代表的交流与友谊。

空信箱

主角

格莱塔和玛缇娜（3岁3个月）

15

1.这是许多个从小小信箱的信息交换中产生良好品质和深厚情感的案例之一。在这个故事中，信箱和白板共同发挥着作用。格莱塔打开了自己的信箱，发现是空的。她沉默地离开了。

2.玛缇娜远远地看到了这一切，她意识到格莱塔有一点失望。她走到自己的信箱前，抽出一张纸条，悄悄地放进了格莱塔的信箱中。接着，她吸引了格莱塔的注意，邀请她检查一下自己的信箱，因为她知道那里有一张纸条。格莱塔很犹豫，并没有打开信箱，玛缇娜把纸条从她的信箱里拿了出来。

3.玛缇娜向格莱塔展示那张纸条并解释了其中的内容。

4.给格莱塔的纸条十分特别,因为这是玛缇娜给自己的妈妈准备的。

5. 她们用同样的方式打扮自己，然后一起走向了迷你工作室。

6. 我们看到她们在那里专注地、有默契地一个一个写着什么。

7. 这是她们即将放进对方信箱中的纸条。

8. 这些三四岁的幼儿园孩子改变了他们所交换的信息的数量和质量。他们慢慢地、自然而然又不可避免地来到了五岁，这是他们可以写下信息的年纪。（这张照片是戴安娜学校的五岁年龄段班级的孩子们，他们正忙着使用信箱）

16 鹅和驴子

波波（5岁6个月） **主角**

卢卡（5岁8个月）　马克（5岁7个月）

1.马克、波波和卢卡在工作室的角落里写了三张纸条，他们似乎很开心。卢卡说："这是为了报复我的哥哥，让他好好领教领教。"波波说："我要把这个给我姐姐，谁让她老是戏弄我。"马克说："我要把这个给我爸爸，谁让他不带我骑他的摩托车。""我们给他们画了多么美丽的画。我们给他们涂了个多么漂亮的圈圈！"

[16] 鹅和驴子

2.

3. 波波说："漂亮，漂亮，实在太漂亮了，我们要写一个大大的'驴'字，对不对马克？"

4. 马克说:"知道吗? 我们可以给我们的朋友复印一些又大又丑的字,他们想怎么用就怎么用!"卢卡和波波说:"太漂亮了!"这些纸被复印成几份,纸的中间是空的,可以写上他们选择的收信人的名字。

5. 孩子们把留言条发放给朋友们,仔细地向他们解释着这个留言条该怎么用。

情书

主角　艾格尼丝（5岁6个月）　　卢卡（5岁5个月）
卡拉（5岁8个月）帮助了他们俩

1. 这一次是卢卡陷入爱河。他只知道怎么写自己的名字，所以为了给艾格尼丝写信，他请求了已经学会自己写字的卡拉的帮助。

2. 卢卡写给艾格尼丝的信：

　　亲爱的艾格尼丝，我实在太爱你了，但是有时候你让我很生气，因为你跟别人玩，而我不想让你这么做。你跟别人玩了那我跟谁玩呢？我永远不能和你分开。明天我会和你结婚，我也会吓你，穿着黑袍在后面追你。

　　很多很多亲吻，来自卢卡·唐德利。

　　由卢卡口述，卡拉手写。

3. 信被放进了艾格尼丝的信箱中,卢卡走过去告诉艾格尼丝,她有一封信。艾格尼丝理解了这封信的含义……

4. 并写了回信,因为她和卡拉一样会写字。

5. 这是她给卢卡的回信:

  亲爱的卢卡,我不能在你说的那天嫁给你,因为我太小了,不能!!!而且我永远不会结婚的,因为我不喜欢。我会跟你玩的,如果你不用那么多的亲吻来烦我的话。我宁愿少一点。有一天我会邀请你去我家做客。给我写信来答复我吧,我也会再答复你的。

  再见,来自艾格尼丝。

一起学

主角

艾格尼丝（5岁6个月）　　奥玛（5岁8个月）

18

奥玛和艾格尼丝决定给他们的普通朋友写一封信。艾格尼丝可以自己写字，但是奥玛还在学习当中。

在一群孩子中，我们经常看到他们的角色被一种公平感所决定，因此，轮流在打字机前打字（这被看成是一个好角色）比专门的写字比赛更重要。

这次轮到奥玛使用打字机，艾格尼丝在一边给他一些建议，并纠正他的拼写。

1.

2. 奥玛在决定写什么的时候会依据朋友的表情来获得她的认同。

3. 在奥玛遇到困难的时候,艾格尼丝会静静地等待,不打扰他。她知道她的朋友还在学习之中,还需要时间。

4. "写得太多了!"

5.

6.

7. 这个错误变成了一场游戏,他们很享受。

8. "耶,写得很好,你成功啦!"

19 卷尺的转换、分解和重构

主角

艾伦,亚历山大,维罗妮卡(5岁5个月~5岁8个月)

备注:在意大利,人们使用的是公制或是十进制。卷尺有数米长。1米=10分米,1分米=10厘米。因此,1米=100厘米。

我们发现孩子们的口袋里放着自己在家中制作的小卷尺。这种情况发生在一群五六岁的孩子的项目活动之后。他们把卷尺看作测量桌子长度的主角,和鞋子一样。

1. 这是其中一个孩子口袋里的卷尺:(1)标有线段的几段鞋带,(2)一条像卷尺一样标有记号和数字的弹性带。"这样我就可以测量更多的东西了。"制作者说。

2. 我们接受了孩子们的建议,对卷尺进行了转换。

| 19 | 卷尺的转换、分解和重构

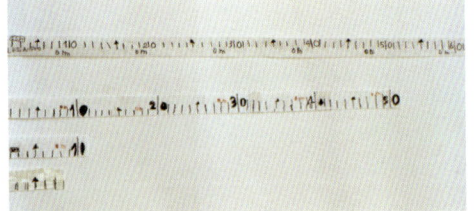

3. 孩子们从一堆学校的卷尺中选择了一些卷尺。他们选择了这个可以测量20米长的卷尺。这是其中最长、最难认的一条：厘米数用线来标记；一个箭头代表5分米，黑色的数字代表10分米，它们在卷尺上重复出现。红色的数字代表米。我们尊重孩子们的选择，认为这种相对复杂的卷尺可以帮助孩子深思它的构造，理解因数和倍数。

4. 抄录卷尺立即成了寻求其含义的好方法。当孩子们成功地赋予某一标志一个含义，这个标志就成了他们探索的重要途径。菲利普说："我应该画上箭头吗？"接着他自己解释道："我做出来了，但是我不知道为什么这么做。"在他标注记号的时候，他一次一次地数着。在某个时刻，他突然成功地标注了出来："现在我明白了！箭头永远指的是5！"

5. 老师们认为这是一个让孩子转换测量一米的长度的好时机，当然还包括测量它的三个因数：50厘米，10厘米和1厘米。这些不同的米的分段立马就被分解和重构了。

6. 老师们提议来玩一个游戏：用他们所画的或重构的（50厘米，10厘米和1厘米）一米的一部分（或者一段）来测量物体。用它们可以测量什么？每个孩子都拿着自己的一米长的或者其中的一段去找寻物体来测量长度。

7. 孩子们首先发现的物体是那些与测量值相对应的物体。亚历山大有一个长50厘米的卷尺。

8. 孩子们十分擅长用眼睛估算长度，但是这一次，这个树桩比孩子手中的50厘米要短一点。

[19] 卷尺的转换、分解和重构

9.但是如果向下挖一点的话，长度就刚好合适了。

10.艾伦拿着1厘米长的尺子，他发现可以测量的东西有很多，甚至是钥匙孔。

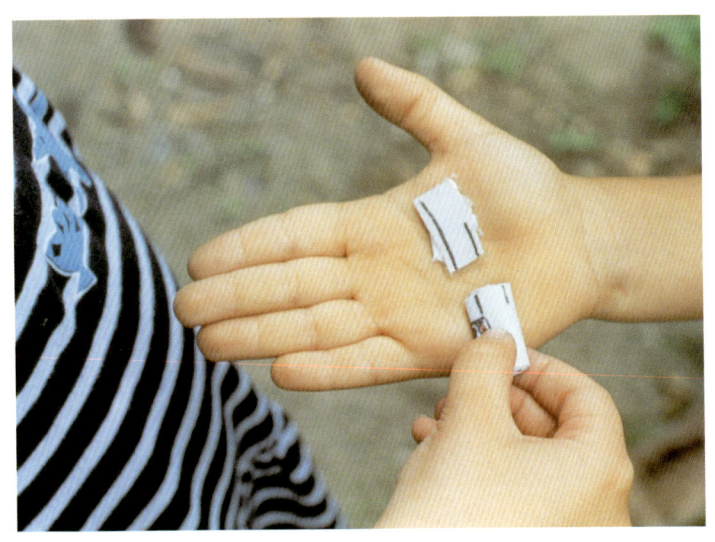

11.维罗尼卡很羡慕艾伦，因为他的尺子是10厘米的。但是他想了想，然后将10厘米的尺子对折了几次。他说："我也可以像你一样测量物体，还可以量你的尺子。"

12. 亚历山大想测量窗户框架的长度,但是他的 50 厘米长的尺子不够用。他估算了一下剩余的长度,叫来了维罗妮卡。她的尺子有 10 厘米长,但是还是不够长。于是他们对艾伦说:"来,我们恰好需要你的 1 厘米长。"

13. 现在窗户的框架空隙被完全填满了,他们完成了测量。

14. 在测量的第一阶段,孩子们练习着加法的运算能力。他们发现了组合一米的因数的各种可能性。为了准确测量,他们需要看到所测量的全部空间。

在未来的探索和问题解决过程中,孩子们会有其他的发现。

苹果的价格

主角

丹妮拉、马克、托马索（5岁~6岁）

1. 孩子们正在印制钱币，这些钱是他们玩经典的商店游戏时扮演买家和卖家使用的。我们同意他们在印制钱币的时候只印几个数字：1、2、5和10，它们的价值与我们使用的货币相对应。

2. 突然，孩子们开始讨论要卖什么，以及每个物品的标价。

苹果的价格

3. 售货员的工具。

4. 商品的摆放。

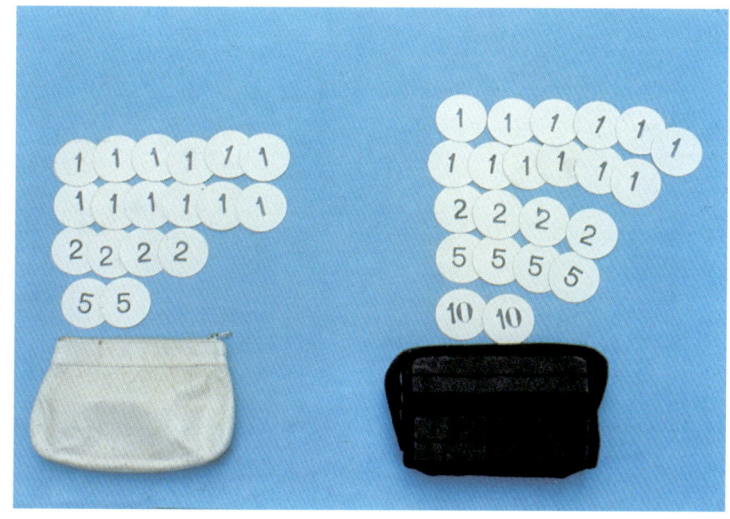

5. 买家可以使用零钱包。他们可选择两种难度：一种是总值30的，另一种是60。

20　苹果的价格

6. 丹妮拉正在买东西,她要求全部买完之后再付钱,而其他人则是买一样付一样。她的钱包里装着60块。这时,她要求买两个苹果。

7. 托马索从篮子里拿了一个苹果,找了找价格贴纸,但是没有找到。怎么决定这个苹果的价格呢?

8.

苹果的价格 [20]

9.丹妮拉两只手各拿了一个苹果,感受两者的重量:"可能标价的人得知道它有多重。"接着她改变了自己之前的要求说:"我想买最重的苹果。"

10.

11.托马索将两个苹果放在天平上,测量哪个苹果最重。

苹果的价格

12. 他逐个量出了轻一些的苹果。

13.

14. 他按照重量大小排列，并将其从5到2进行了递减的标价。托马索说："这个是最重的。"现在购物可以继续了。

21 关于计算成本的思考

主角

丹妮拉、马克、托马索（5岁~6岁）

1. 在选择了更多的物品后，丹妮拉结束了购物，她需要付133块。

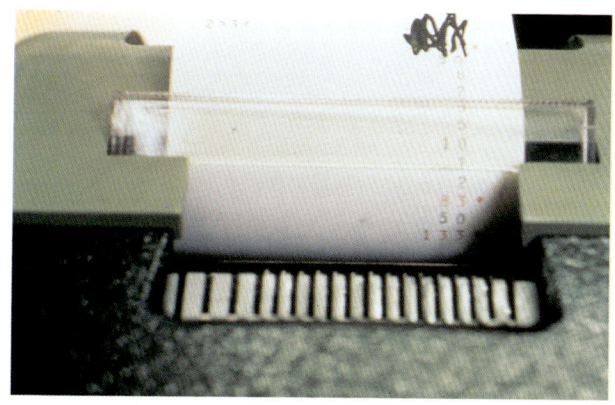

2. 丹妮拉的思维过程是这样的：列出这133，一个数字接着一个数字地算。1，2+1=3，2+1=3。

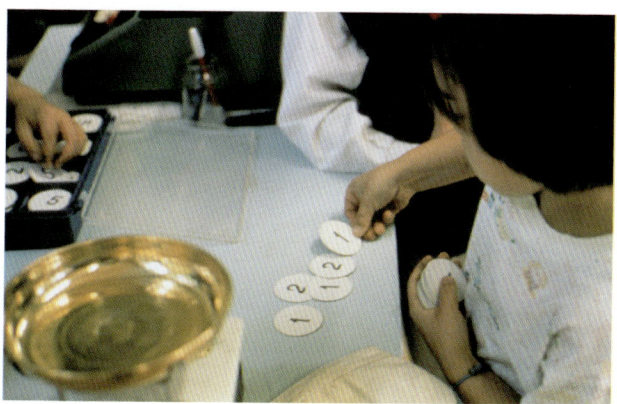

3.

4. 托马索觉得丹妮拉是在逗他玩:"你在开玩笑吗?你现在就得付钱!这是7,不是133。"丹妮拉感到有点困难,但是她似乎明白了。她开始数自己的钱包里有多少钱。她只有60块,所以她让马克借给自己一点钱,马克同意了。他们把钱放在了一起。买家和卖家一起大声数了几次他们各自的钱,手指帮了他们大忙。最终他们拥有131块,而不是133块。

5.

7.

6. 托马索和马克用计算器再次验证了丹妮拉到底有多少钱。虽然他们证实了总数，但托马索还是差两块钱。这该怎么办呢？

8. 丹妮拉想到一个主意："我可以还给你两个鹰嘴豆，这样我们就扯平啦。"

21 关于计算成本的思考

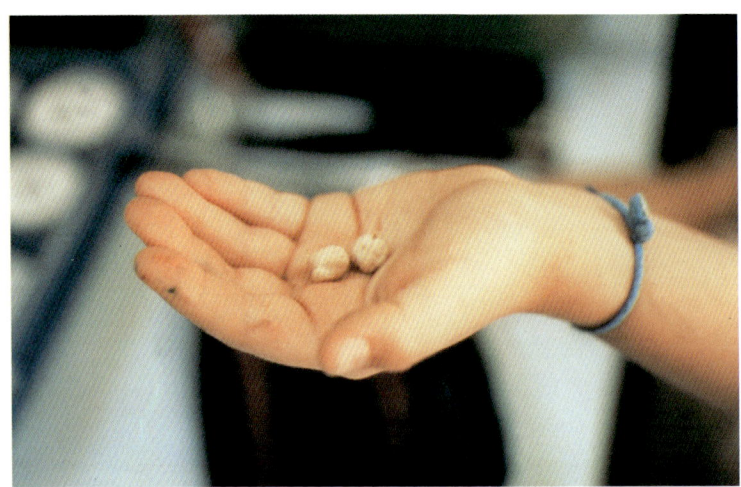

9. 托马索拒绝这个交易：两个鹰嘴豆似乎不值两块钱。

10. 马克和丹妮拉坚信唯一的解决方法就是归还一些丹妮拉买的东西。他们发现了一个上面写着2的东西。

关于计算成本的思考

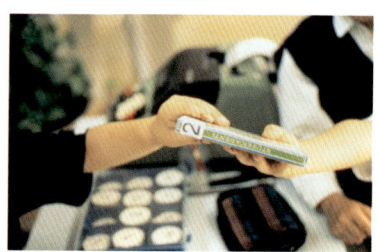

11.

12. 这一次托马索接受了，并给了她收据。

13. 购物结束了，但是游戏还可以重新再来。

朋友的肖像画

主角

孩子（5岁~6岁）

22

眼睛的类型

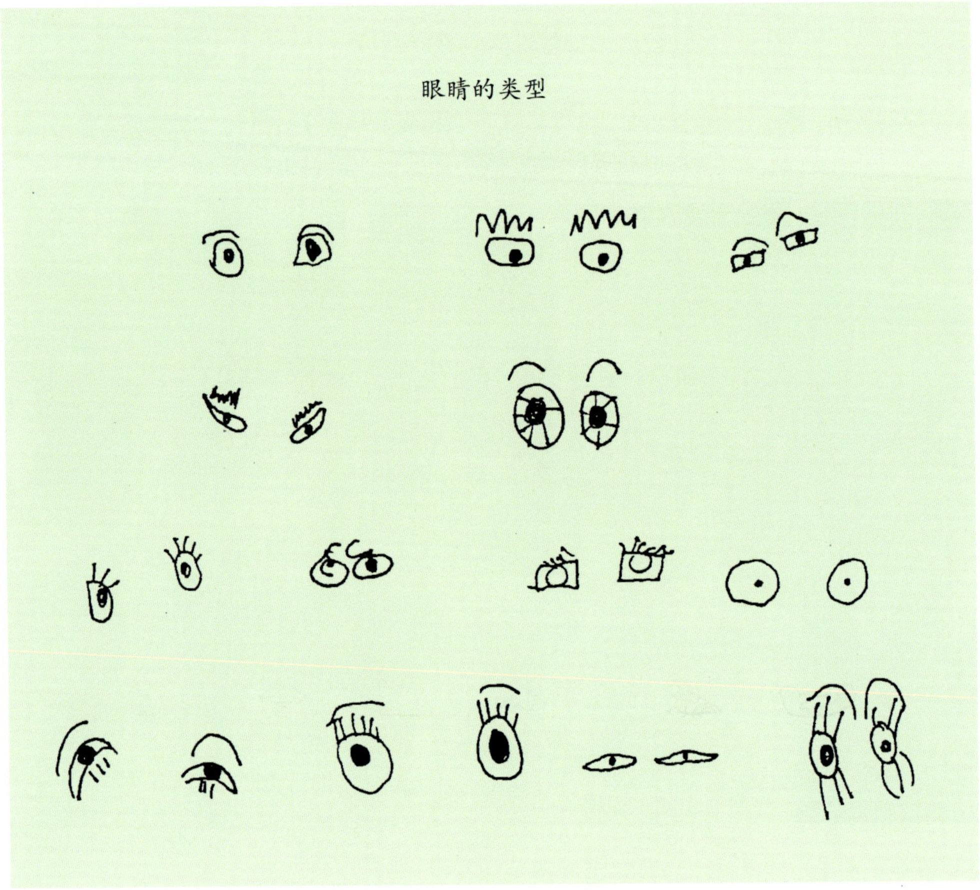

朋友的肖像画

鼻子的类型

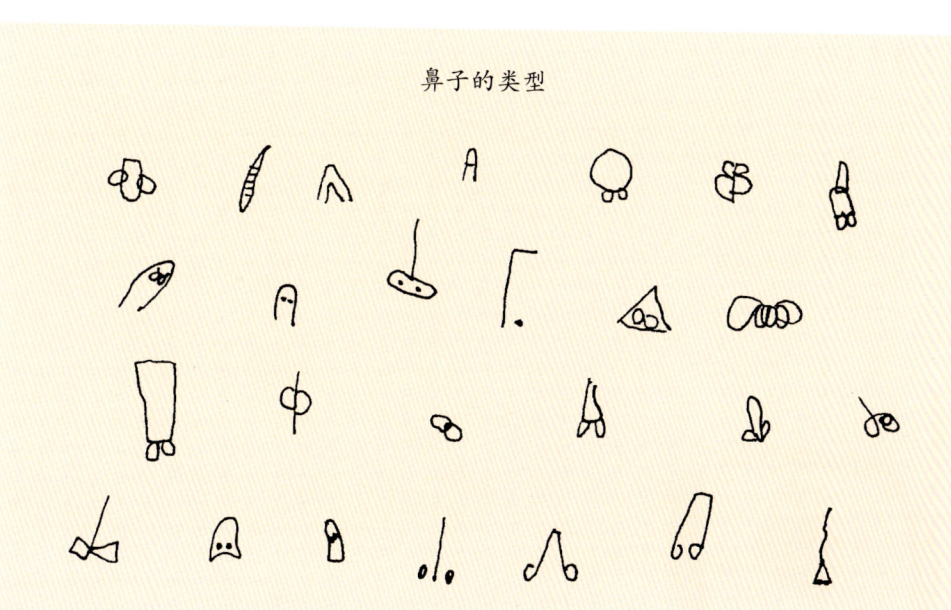

嘴巴的类型

可以看各个方向的眼睛

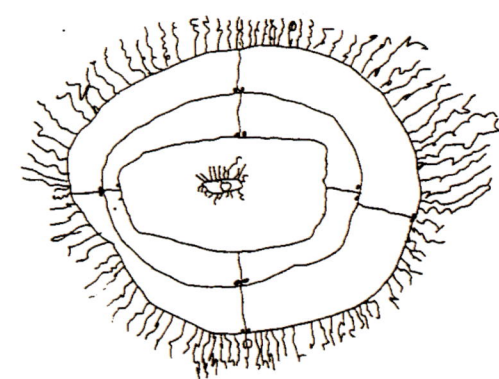

被囚禁的眼睛

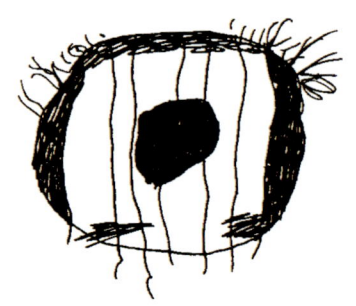

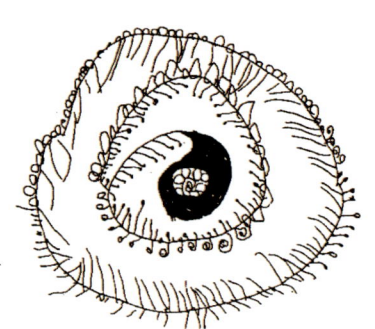

一个孩子的眼睛

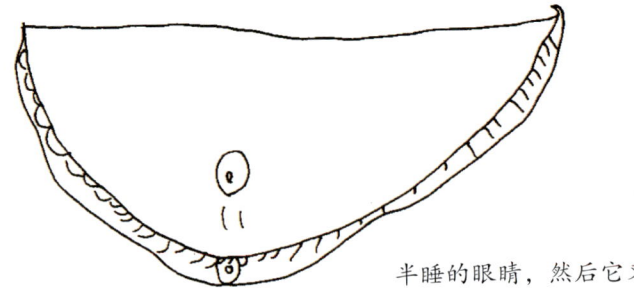

半睡的眼睛,然后它又醒了过来

朋友的肖像画

盯着太阳的男人的眼睛

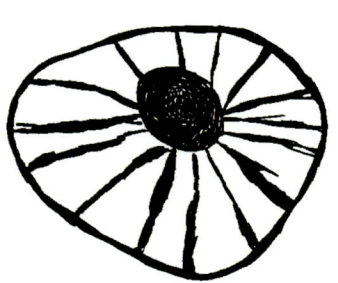

凶猛的眼睛

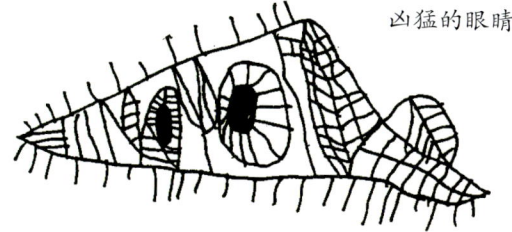

有着传递信息通道的、思考着的眼睛

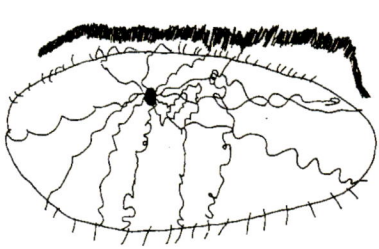

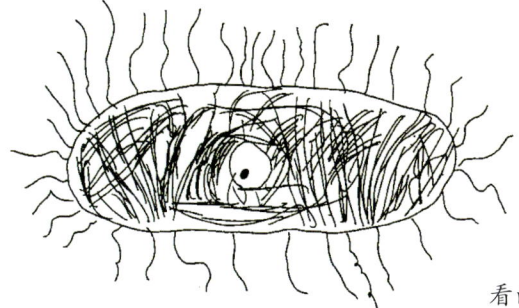

看向风的眼睛

[22] 朋友的肖像画

看电视时张开的嘴巴

喊叫声

狡猾的嘴巴

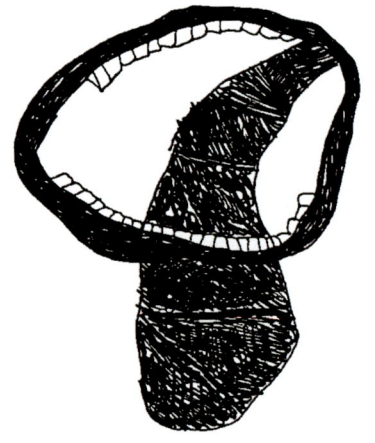

心情好的时候发出的快乐幸福的声音

喜剧演员的嘴巴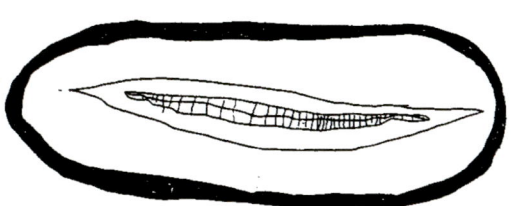

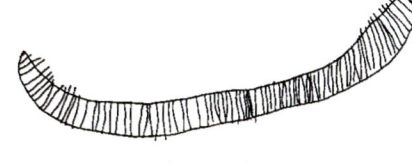

唱歌时的嘴巴

微笑和思考的嘴巴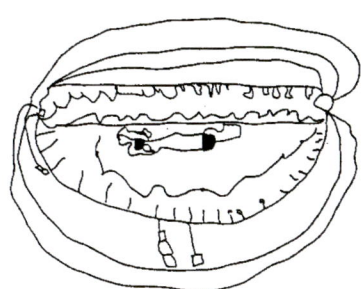

唱歌时的噪音

解释时的平静的声音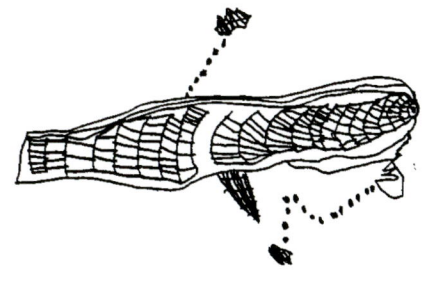

感谢天空

主角

马克（4岁5个月）和菲利普（4岁6个月）

23

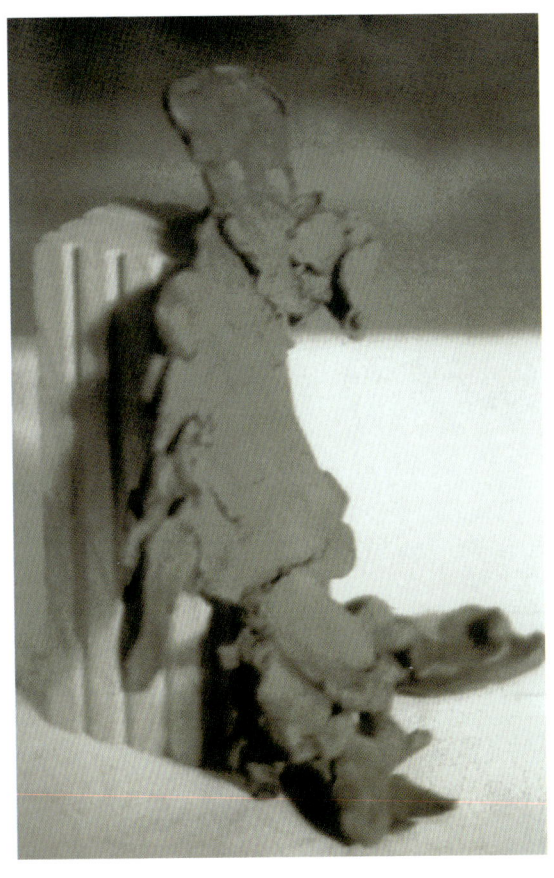

马克开始做一个泥塑小人，并尝试让它站起来。数次失败后他最终用一块积木来支撑它。他对这个结果并不满意，伤心地说："太糟糕了！看我为了让它站起来把他弄成什么样了！"接着，他问朋友菲利普："现在我该怎么办呢？"菲利普说："像我以前那样，从腿开始吧。"

1.

2. 马克听从了朋友的意见，捏了两条可以站立的强壮的腿。菲利普说："现在你得做一个放内脏的地方。"

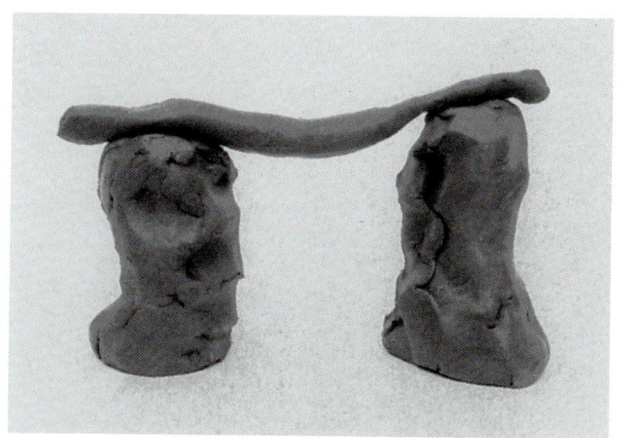

3. 他做了一条泥巴作为框架放在两个柱子上，代表这是肚子。菲利普继续说："然后这个是胸腔。"

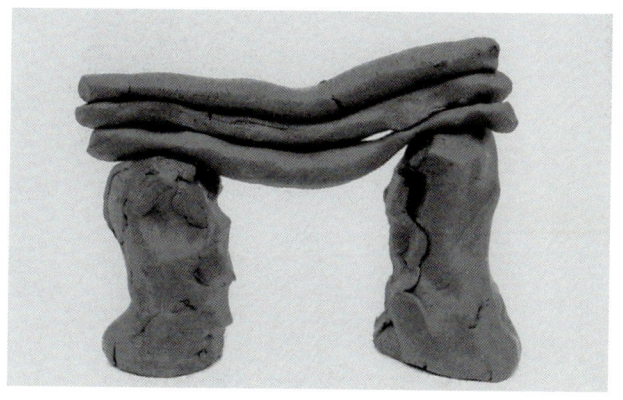

4. 泥巴条被一层层叠起来："越来越多，越来越多！胸腔越来越大啦！"

23 感谢天空

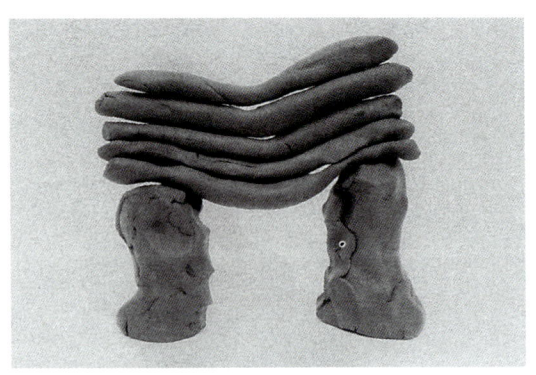

5. 更多的泥巴条被放置在上面。

6. 胸腔上连接了脖子、胳膊、手、头、耳朵和脸上的一些细节东西。它的脸——可能是偶然的，也可能不是——面朝着天花板。

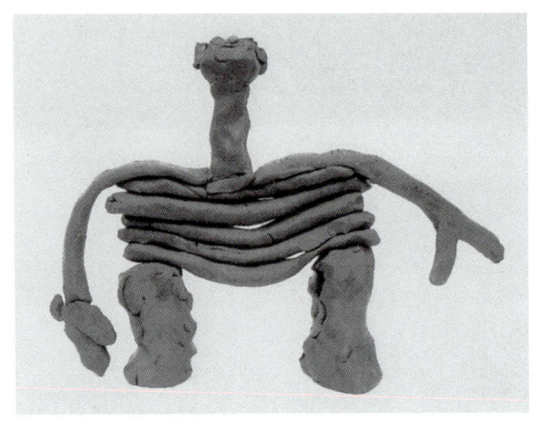

7.

8. 马克看着泥巴小人说："他向上看着，在感谢天空。他一开始死了，上帝让他复活了。他感谢上帝给了他新生命。"

24 椅子的稳定性

主角

孩子们（4岁~4岁6个月）

1.

2.

之前，我们看到孩子们为了使雕塑站立起来的共同愿望。为了让雕塑成功站立，孩子们得解决平衡和稳定性的问题，并且需要理解泥塑的重心和平衡的概念。

在制作泥塑过程中，孩子们意识到了这些问题，他们发现了解决这些问题的策略。

我们试图通过让孩子们集中注意力进行试验，来更好地与孩子们的搭建意愿契合。我们建议他们用泥巴做一个椅子。重要的是让孩子自主选择个人的时间和探索的类型。

[24] 椅子的稳定性

3.

4.

椅子的稳定性 [24] The Hundred Languages in Ministories

5.

6.

7.

8.

有人坐的椅子

主角

孩子们（4岁~4岁6个月）

这些椅子制作完成并上色后，可以按照想象和设计：欢迎有人坐他们的椅子。

1.

2.

3.

有人坐的椅子 [25]

4.

5.

6.

7.

8.

构建泥塑桥

主角

孩子们（5岁~5岁6个月）

26

1.

2.

构建泥塑桥 [26]

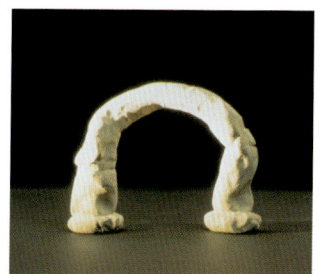

3.

4.

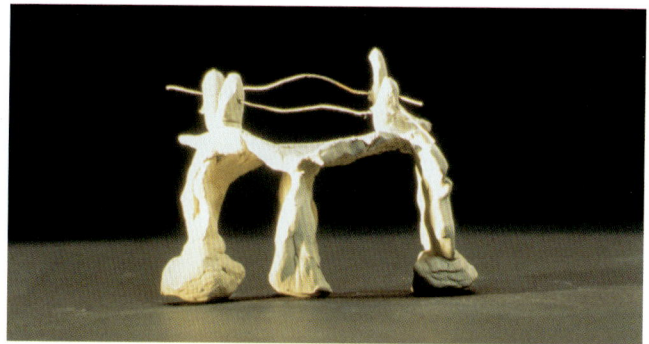

5.

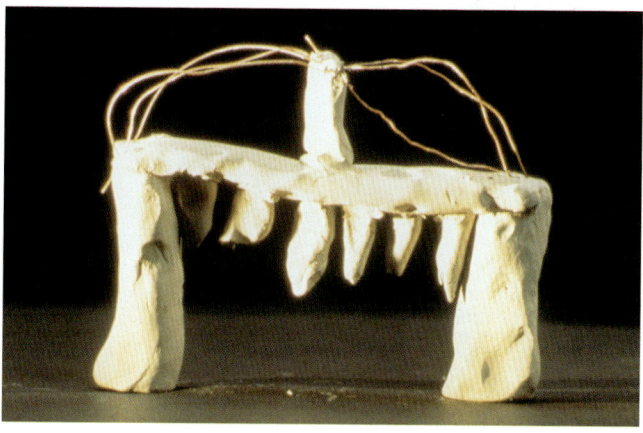

6.

观察"隐形"的事物

27

1.

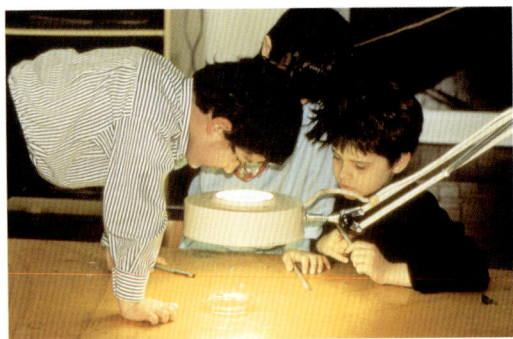

2.

观察"隐形"的事物 【27】

3.

4.

5. 小蛇　　　　　这次是一只大虾　　一个贝壳
　　水蝎子　　　一条水蛭　　　　一只小虾
　　一只小蝙蝠　 一只虾　　　　　一只蜻蜓的幼虫

观察"隐形"的事物

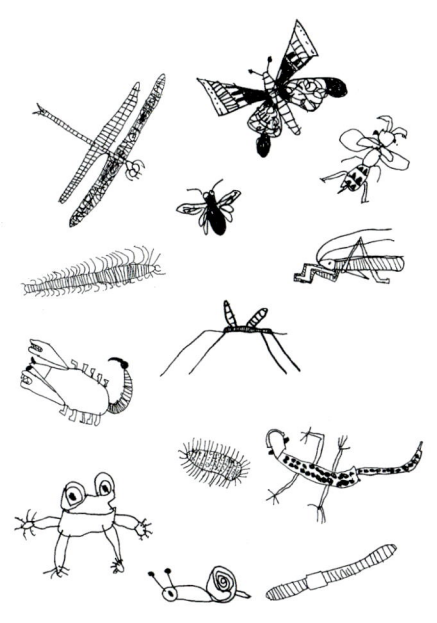

6. 苍蝇

    黄蜂

    千足虫

    这是一只蚂蚱

    蝎子

    这是蚊子，但是我们只能在晚上看到它们

    一只蚯蚓

    一个有壳的蜗牛，但是它们中有的没有壳

7. 蝙蝠是一种有翅膀的老鼠。我们只能在晚上看到它们在公园里飞，追捕着蝴蝶。

    一只蜜蜂

    这里有很多蚂蚁

    一条水蛇

    一只蜥蜴

    一只瓢虫

    还有一些蟋蟀

    一只鼹鼠，你可以看到它的土丘，有时候是一个鼹鼠洞

    一只地蜈蚣

丹尼尔和金属丝

主角

丹尼尔（3岁2个月）

28

1. 老师给这群3岁左右的孩子提供了一些金属丝，建议孩子们试着使用金属丝。

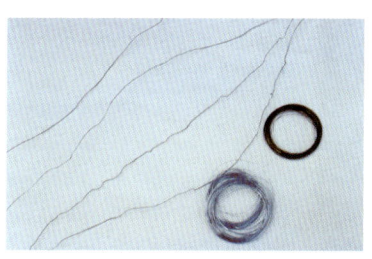

2. 老师提供的这些金属丝的长度、粗细和延展性有所不同。

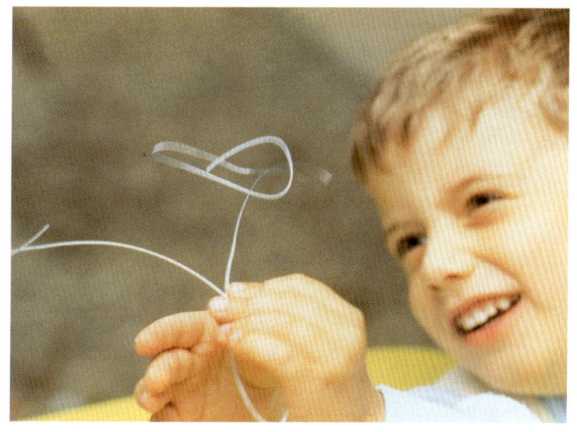

3. 多数孩子立即开始用金属丝。他们将金属丝折叠，做成各种形状，思考应该为它们取什么名字，可以拿来做什么。

4.

5. 一些孩子遇到了许多困难。虽然丹尼尔很有想法并且做出了决定，但是他并没有把手里的金属丝成功地塑造成想要的样子。

 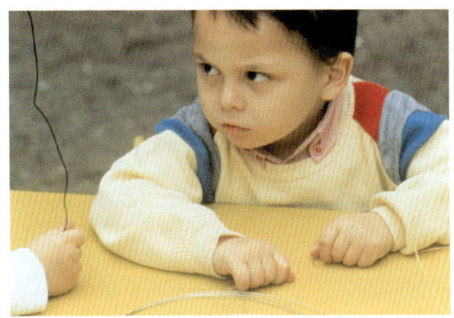

6. 丹尼尔用渴望的表情看着其他孩子的作品，十分羡慕他们开心的样子。

7.

8. 老师来到丹尼尔旁边，和丹尼尔一起用手掌、手腕和手指对金属丝进行塑形，设计它的形状。

9. 老师离开后，丹尼尔自己成功地将金属丝弯折成一个简单的形状，他露出了胜利的表情。

10. 在此之后，金属丝又变换出其他的形状，丹尼尔终于可以加入到变换金属丝形状的集体游戏当中。

爱丽丝和鲸鱼

主角

爱丽丝（2岁3个月）

1. 爱丽丝正在玩弄一根铜丝："我在做一条鱼。现在我要做一条小鱼。"

2. "这根金属线很大。"

爱丽丝和鲸鱼

3. "好大一条鱼!它是条鲸鱼。它有好大一张嘴!这样就可以更好地吃掉你了……嗯!"

4. 大鲸鱼吃掉了所有的小鱼。

孩子和树的相遇

主角

孩子们（2岁10个月~3岁10个月）

30

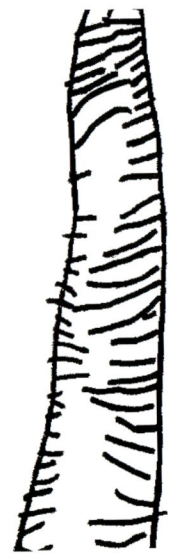

1. "树是一种植物，因为它是被从下到上种起来的。下面长在土里，上面长在天空中。"

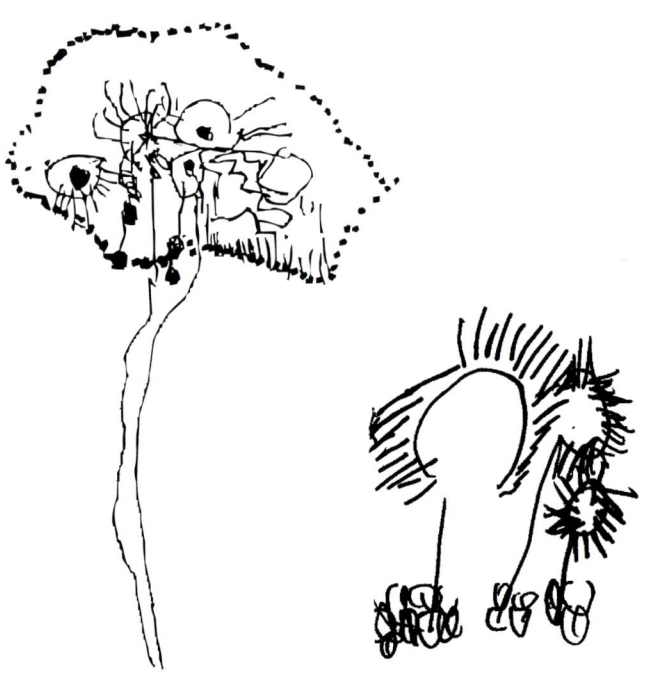

2. "树的下面很窄，上面很软。树会发出风的声音。"

3. "树永远很开心，因为它们喜欢开心。"

孩子和树的相遇

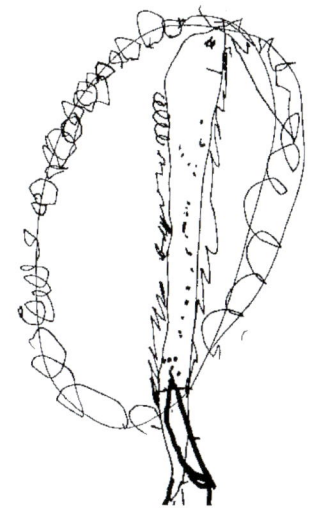

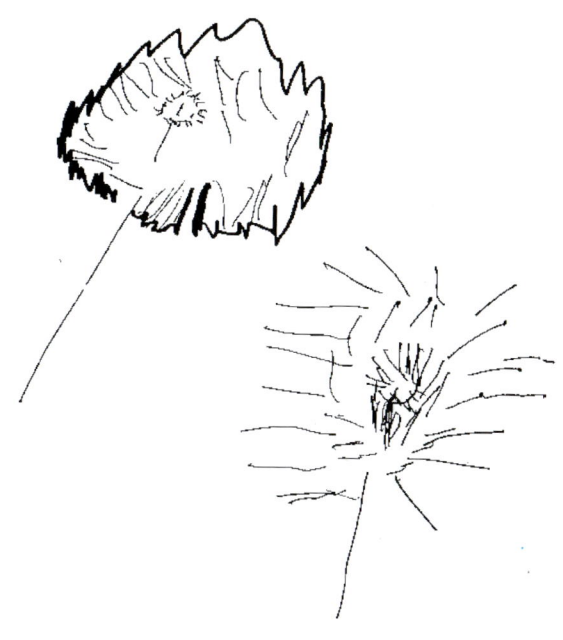

4."树是从它的很大很大的妈妈那里长出来的。"

5."有的叶子是男孩，有的叶子是女孩，它们被叫作'fogli'（意大利语中的叶子是女性，在这里他将其转为男性）。"

6."森林里的树不会害怕。"

孩子和树的相遇

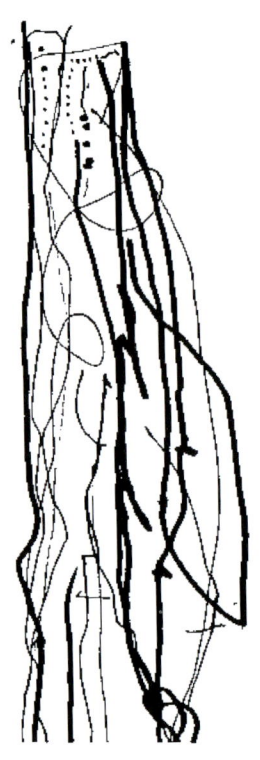

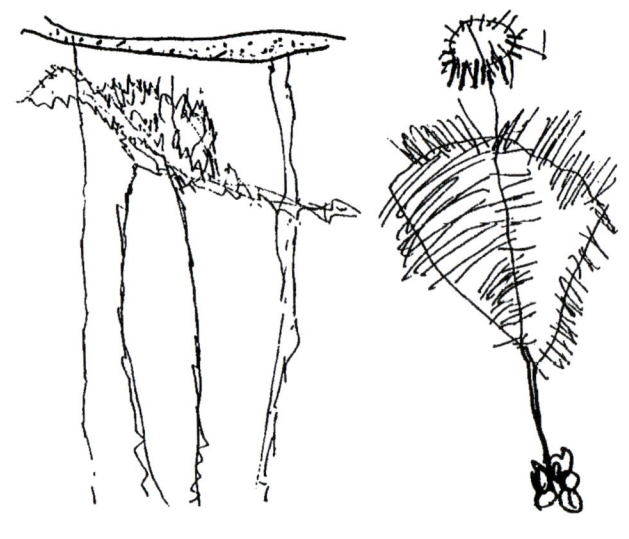

7. "树的皮肤是木头的。它们不会发烧，会得其他病。但是我不知道它们会不会感冒。"

8. "下雨的时候，树很开心，因为它们可以洗澡了，叶子也变蓝了……太阳让它们长熟了。"

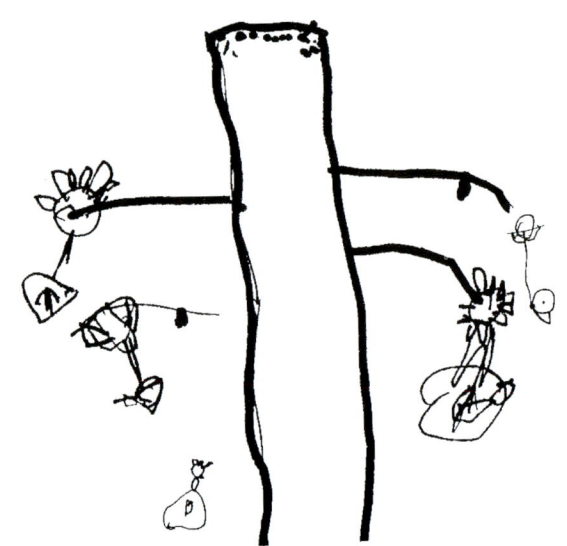

9. "叶子掉下来了，因为它们只用一只手抓树。"

孩子和树的相遇 [30]

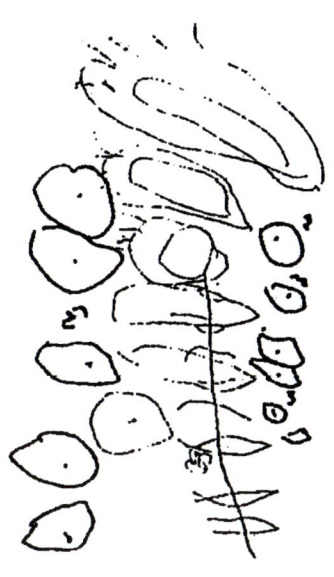

10."冬天的时候树很饿,会死掉。但是在夏天它们又活过来了。我们来看看夏天的时候它们是不是真的会活过来。"

11."树知道根是用来做什么的。"

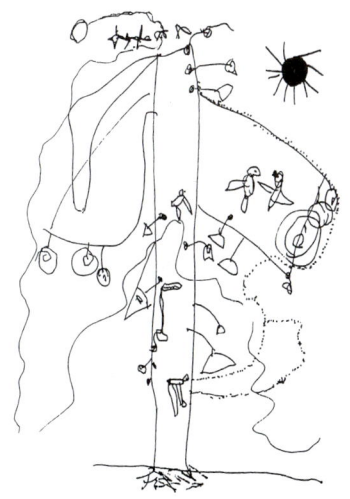

12."我知道树是活的,因为它们会长出苹果,会长出叶子,还会长出风。"

泥塑自画像

主角

孩子们（5岁~6岁）

1.

泥塑自画像 [31]

2.

3.

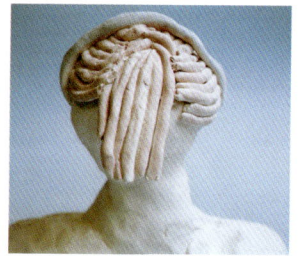
4.

5.

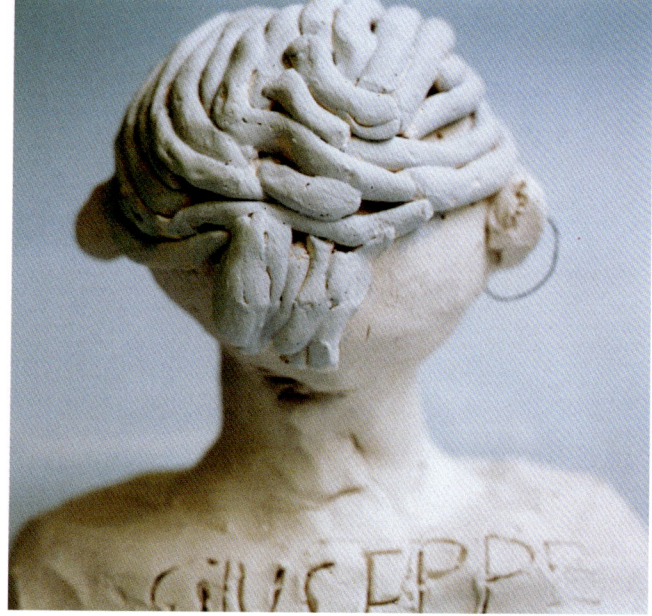
6.

(31)　泥塑自画像

7.

8.

9.

10.

11.

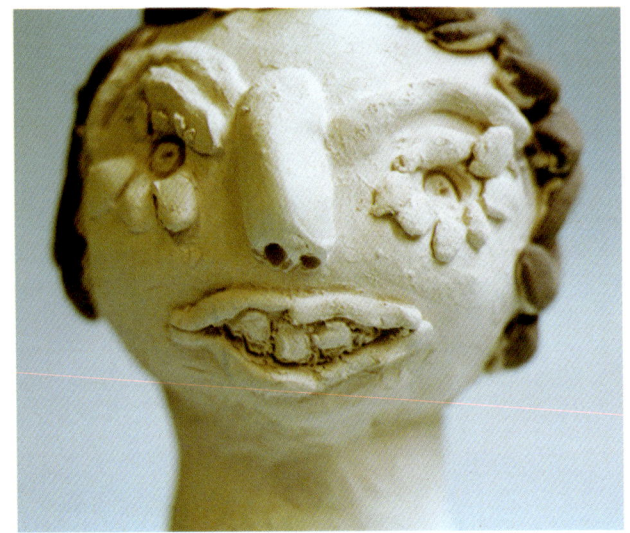
12.

32 小雏菊有心脏或大脑吗?

亚历山大,大卫,加布里埃,詹尼和西尔维亚(5岁~5岁6个月) **主角**

1. 一群孩子在一瓶黄色的雏菊前讨论。加布里埃说:"这个花在吸水。它的茎像吸管一样。"

2. 西尔维亚说:"嗯,我觉得这是一个女孩花,因为这上面有一个小芽。"

3. 詹尼:"看到没?这是心脏,它可以让花瓣紧紧地长在上面,花瓣用它来呼吸。"

[32] 小雏菊有心脏或大脑吗?

4. 大卫:"但是在这个小心脏里还有一个东西……可能是它的大脑。"詹尼说:"花没有大脑,花只有一个心脏。只有我们有大脑。"

5. 大卫:"不,花是活的,所以它们有大脑。"詹尼:"嘿!它们不能说话!"

6. 西尔维亚:"它们说话的。它们用一种特别的、很小的声音,非常非常小。它们就是用这个小小的声音来说自己是饿了还是渴了。"

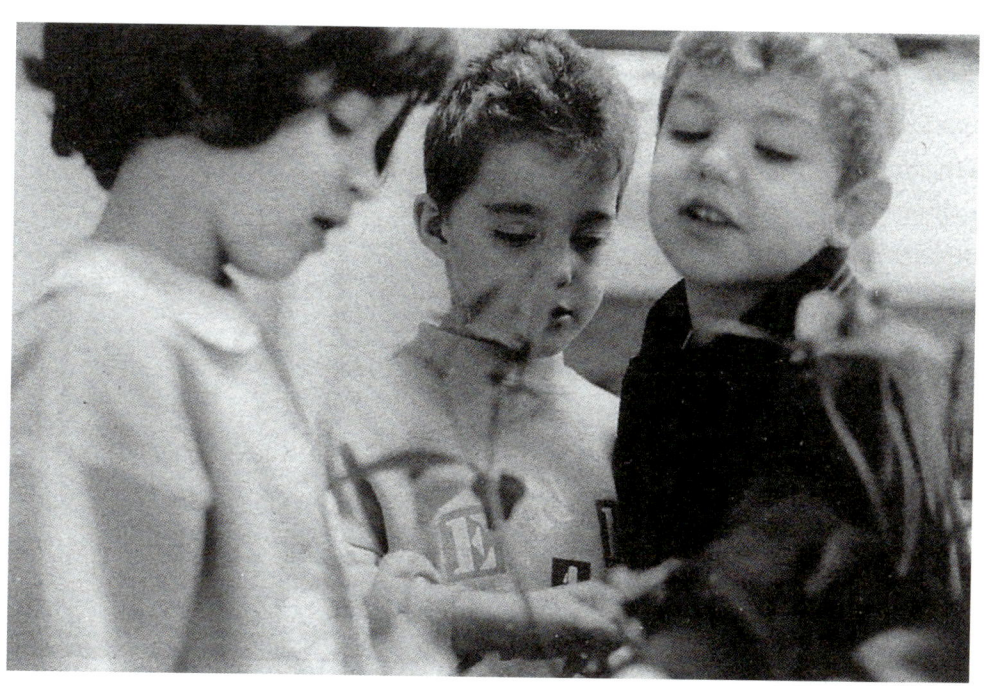

7. 詹尼用一种嘲笑的语气说:"那我们就能用耳朵听它们说的小声的话了!"

8. 他们都仔细地听着。

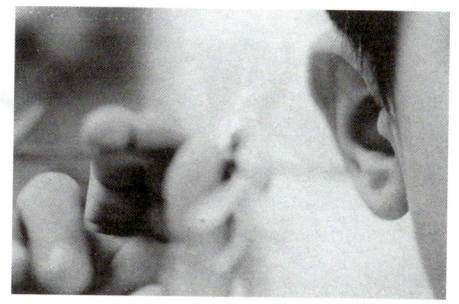

9. 詹尼:"我什么也没有听到。"

{ 32 } 小雏菊有心脏或大脑吗？

10. 大卫："但是它们的确有发出'啊啊哎哎哦哦'的声音。"他勉强地小声发出这些声音。

11. 詹尼："是真的，亚历山大，你没有听到任何声音，是吗？"亚历山大："我听到'特特特'的声音。"他轻轻说。

12. 西尔维亚："我也听到了。"加布里埃："我也听到了！"西尔维亚："可能只有女孩能听见。"

13. 詹尼（不安地）:"不管怎样,这个不是大脑,这是它的呼吸声。"

14. 詹尼将耳朵贴近小雏菊:"让我来听听,这是呼吸声,是不是加布里埃？这个是呼吸声？"

15. 加布里埃："但是也有可能是这里有一只虫子……"

16. "……在里面。"

17. 大卫："大脑也在这，在心脏里面。"

18. 詹尼："那我们就摘一朵老了的雏菊，剥开看看。"

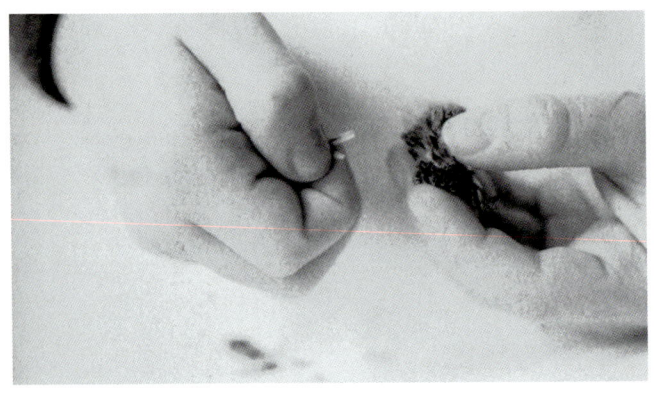

19. 孩子们开始剥雏菊的心脏："我们来看看里面有什么。"

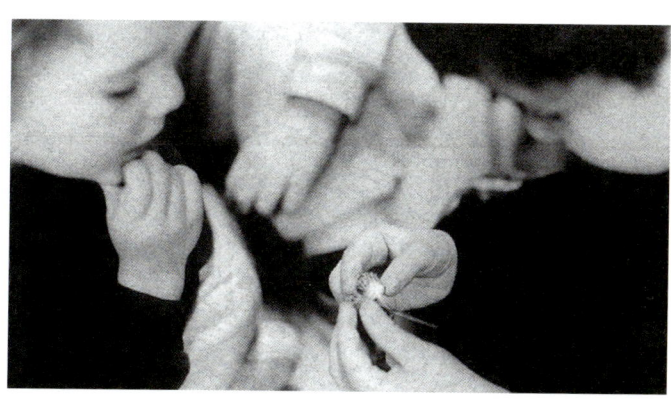

20. 詹尼："要我说大脑不在这。"他们继续探索着。

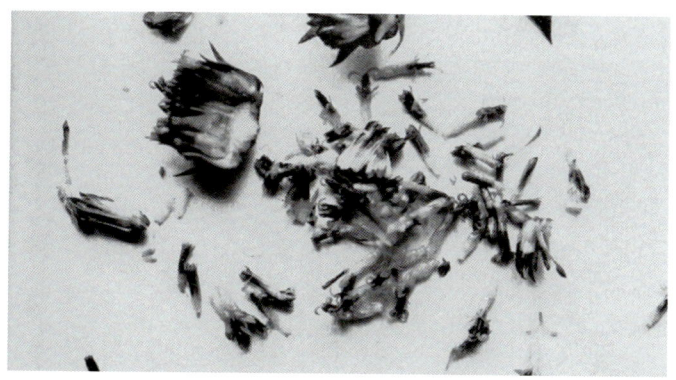

21. 詹尼对大家说："看到了吗？"

22. "里面只有一点线。"

23. 大卫："她们是这些花的小小的脑子上的线。"

猫

主角

孩子们（5岁~5岁10个月）

33

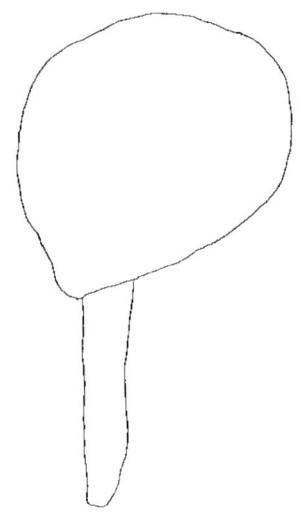

1. "公园里有一棵特别的树，是猫树。它有很多树叶，是一棵很大的树。"

2. "树上有猫，各种各样的猫。有斑点的猫，有黑耳朵、白肚皮的猫。"

3."你看到的这只雌性猫来到了树的旁边:'喵喵。'她来到树的边上,用爪子抓住树干。猫的脖子很长,因为他们不得不够着树的叶子。不然他们怎么拿到种子呢?"

4."你看,现在有一只雄性猫过来了。他其实是这只雌性猫的丈夫。他没有参与其中,只是站在下面守卫。看到他有多帅了吗?可能他是一只条纹猫,他要把种子交给他妈妈,因为在他还是小猫的时候长出来一些条纹。"

5."这棵树上有很多猫。有软软的猫,还有肥肥的猫。这些猫永远看着上面,踩着树叶,他们还吃小鸟。树上有各种各样的猫。我还得画点种子,各种各样的种子都在树上。"

6."这只雌性猫晚上在公园里散步,她走到树下,嘴巴张开。她选择了自己最喜欢的猫的种子说:'我想要这只全黑的猫。'(这只猫像我们的猫一样叫黑猫)。然后种子从树上掉了下来。她拿走了所有她想要的种子,之后小猫出生了。我要给猫树上添一点鸟。"

7. 格莱塔的画像：女猫。

8. "有时候我们看不见小猫，因为他们藏在毛里面。他们感觉很安全，因为猫妈妈在保护他们。"

9. "这是一只总是躺在草坪上的猫。可能他想要玩恶作剧。"

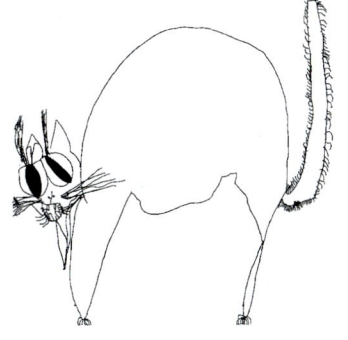

10. "一只猫正在和另一只猫打架，可能他们喜欢上了同一只雌性猫。他的毛都竖起来了。"

小猫的种子

主角

大卫（5岁9个月）

34

"一开始，小猫看起来像一颗种子，它们慢慢地长大，像恐龙一样，慢慢地长出来小牙齿，身体也长出了小猫的形状。我画给你看……"

1."这是种子。它有一点圆，像一个小球一样……"

2."然后它开始慢慢出生了。有一只小爪子。它开始长毛了……还有嘴巴和眼睛。"

3."你看,它的牙齿开始成形了。它的一条腿上的毛比较多,它还有一条后腿。"

4."你看,另外一部分牙齿也开始长出来了,还长出来一点后腿还有前面的爪子。"

5."看,脸的另一边也有牙齿。他可以咬东西了。他的肚子几乎是圆的,一只爪子长一点。还有另外一只爪子。"

6."他看起来有点像一只小猫,但它还是一只很小的猫。毛也开始长出来了……快要完成了。"

7."现在他的长胡子也长出来了。一个大嘴巴,一条长尾巴……这是一只刚出生的小猫。"

海是从波浪妈妈里长出来的

主角

孩子们（2岁10个月~3岁5个月）

35

1. "妈妈很软，我之所以会出生是因为我想要妈妈。"

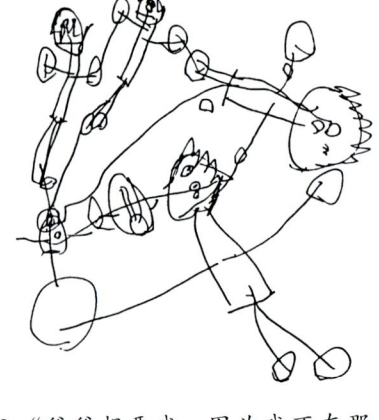

2. "爸爸想要我，因为我不在那，我想要爸爸。妈妈、爸爸想要我。"

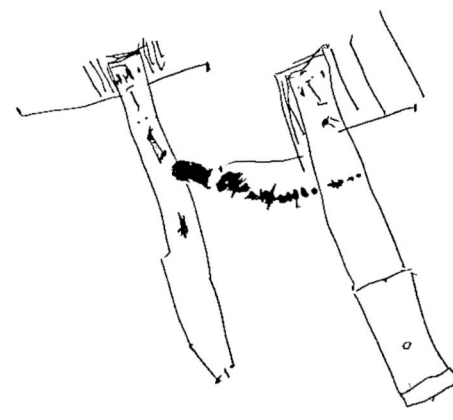

3. "之前，我在爸爸的肚子里，我悄悄地出来了，我跑到了妈妈的肚子里，然后出来了。"

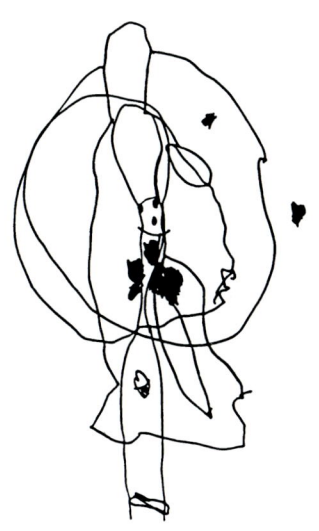

4."当我在妈妈肚子里时,她认识我。我可以从肚脐那里看到妈妈。"

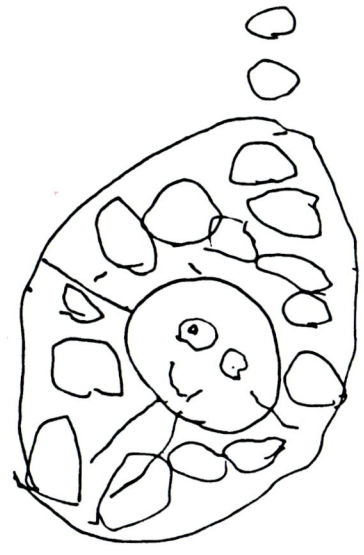

5."肚子里面很安静,有点挤,但是我喜欢。""里面有点冷,我被挤着。"

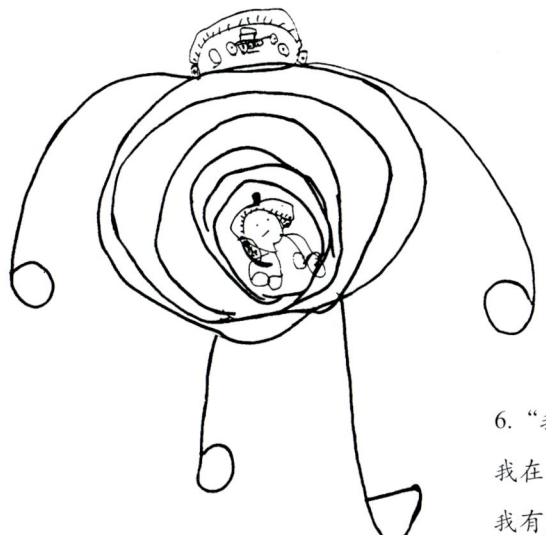

6."我有一张不一样的脸,我全身都是湿的。我在一个充满水的气球里……我没有问他们我有没有穿泡澡的衣服。"

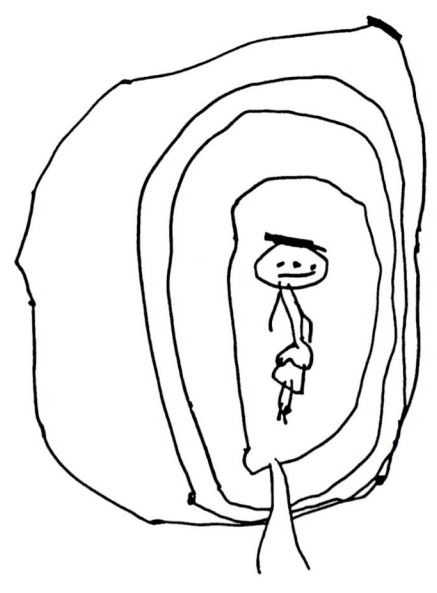

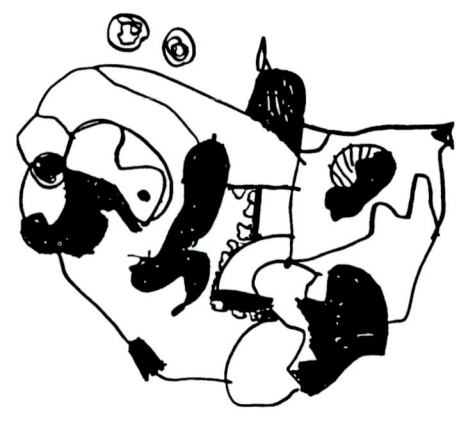

8."我以前从来没有看过宝宝出生,我不知道是谁决定要出生的,是妈妈还是宝宝。我不知道,我什么也不记得了。"

7."我的形状到可以出来的时候了,所以我出生了。鱼在海里出生,恐龙从蛋里出生,我是蜷缩着出生的。"

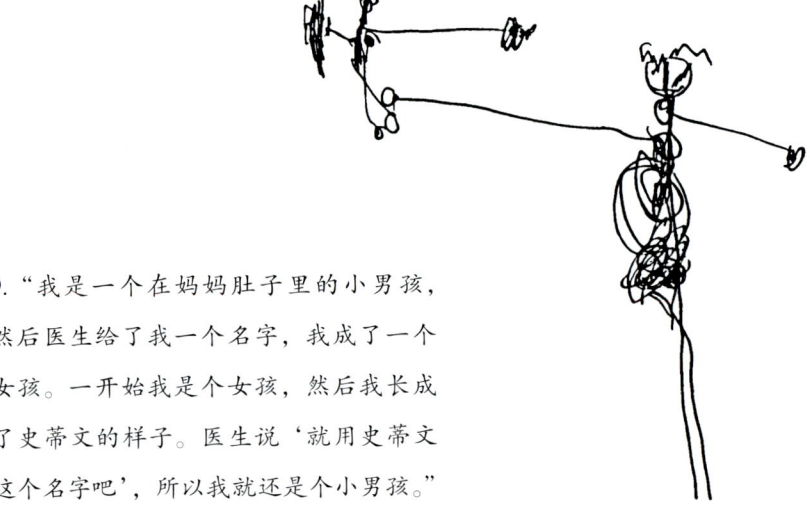

9."我是一个在妈妈肚子里的小男孩,然后医生给了我一个名字,我成了一个女孩。一开始我是个女孩,然后我长成了史蒂文的样子。医生说'就用史蒂文这个名字吧',所以我就还是个小男孩。"

10."在我出生的时候,每个人都想摸我。我很漂亮,我有漂亮的眼睛、漂亮的嘴巴和漂亮的手。"

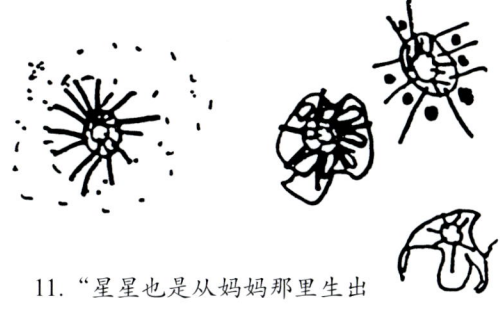

11."星星也是从妈妈那里生出来的,带着小小的点。"

12."大海是从波浪妈妈那里生出来的,天气从暴风雨里来,风从空气里来,它有形状,可以撞得砰砰响。时间从年里来。"

参考文献
REFERENCES

The Hundred Languages of Children, Eds. Carolyn Edwards, Lella Gandini, Gorge Forman. ISBN 9780313359811 ABC Clio.

Making Learning Visible—Children as Individual and Group Learners, Reggio Children and Harvard Project Zero, Eds. Claudia Giudici, Mara Krechevsky, Carla Rinaldi. ISBN 9788887960679, 2001/2011 Reggio Children, Reggio Emilia, Italy.

Everything Has a Shadow, Except Ants, Eds. Stefano Sturloni, Vea Vecchi. ISBN 9788887960198, 1999 Reggio Children, Reggio Emilia, Italy.

The Hundred Languages of Children—catalog of the exhibition, Eds. Tiziana Filippini, Vea Vecchi ISBN9788887960082, 1996/2005 Reggio Children, Reggio Emilia, Italy

The Sea Is Born from the Mother Wave, Eds. Laura Rubizzi, Vea Vecchi. ISBN 9788887960099, 1996 Reggio Children, Reggio Emilia, Italy

The Diary of Laura. Perspectives on a Reggio Emilia Diary, Eds. Carolyn Edwards, Carla Rinaldi. ISBN 9781933653525, 2008 RedLeaf Press, USA.

Theater Curtain. The Ring of Transformations, Ed. Vea Vecchi. ISBN 9788887960297, 2002 Reggio Children, Reggio Emilia, Italy.

The Wonder of Learning—catalog of the exhibition, Eds. I. Cavallini, T. Filippini, V. Vecchi, L. Trancossi. ISBN 9788887960662, 2011 Reggio Children, Reggio Emilia, Italy.
Browsing through Ideas, Eds. Tiziana Filippini, Vea Vecchi. ISBN 9788887960587, 2009 Reggio Children, Reggio Emilia, Italy.

The Park Is ⋯ ISBN 9788887960525, 2008 Reggio Children, Reggio Emilia, Italy.

We Write Shapes That Look Like a Book. ISBN 9788887960549, 2008 Reggio Children, Reggio Emilia, Italy.

The Fountains, Eds. Teresa Casarini, Amelia Gambetti, Givonanni Piazza. ISBN 978888796020, 1995 Reggio Children, Reggio Emilia, Italy.

The Little Ones of Silent Movies, Eds. Sonia Cipolla, Evelina Reverberi. ISBN 9788887960075, 1996 Reggio Children, Reggio Emilia, Italy.

索引

本索引旨在方便读者根据自己感兴趣的信息进行查找。

根据年龄段

婴儿/学步儿（11个月到2岁前）

捏两只泥巴小马	001
弗朗西斯科和纸筒	011
电话和鞋子	016
猫和雨	020
不可思议的紫色	022
朱利亚——朱利亚们	024
爱丽丝和鲸鱼	110

3岁幼儿

市政剧院的圆柱	026
关闭的宇宙飞船	032
这只小鸟骗我们	044
海是从波浪妈妈里长出来的	132
丹尼尔和金属丝	106
验证猜想	051
信息——借出和交换	053
孩子和树的相遇	112

3—4岁和4岁幼儿

信息	056
空信箱	060
感谢天空	092

4—5岁幼儿

朋友的肖像画	086

椅子的稳定性	095
有人坐的椅子	098

5 岁及 5 岁以上幼儿

捏两只泥巴小马	001
宇宙飞船	035
两个艾丽莎和一个指南针	041
鹅和驴子	063
情书	066
一起学	068
卷尺的转换、分解和重构	071
苹果的价格	076
关于计算成本的思考	081
构建泥塑桥	100

观察"隐形"的事物	102
泥塑自画像	116
小雏菊有心脏或大脑吗？	119
猫	126
小猫的种子	130

处理关系问题与建构问题

弗朗西斯科和纸筒	011
电话和鞋子	016
猫和雨	020
市政剧院的圆柱	026
关闭的宇宙飞船	032
宇宙飞船	035

两个艾丽莎和一个指南针	041
信息——借出和交换	053
空信箱	060
一起学	068
关于计算成本的思考	081
感谢天空	092
丹尼尔和金属丝	106
猫	126
海是从波浪妈妈里长出来的	132

按材料分

黏土

捏两只泥巴小马	001

猫和雨	020
感谢天空	092
椅子的稳定性	095
有人坐的椅子	098
构建泥塑桥	100
泥塑自画像	116

金属线

丹尼尔和金属丝	106
爱丽丝和鲸鱼	110

光、影、映像

不可思议的紫色	022
朱利亚——朱利亚们	024

这只小鸟骗我们	044
验证猜想	051
两个艾丽莎和一个指南针	041

探究物理现象和自然世界

朋友的肖像画	086
观察"隐形"的事物	102
孩子和树的相遇	112
小雏菊有心脏或大脑吗？	119
猫	126
小猫的种子	130
海是从波浪妈妈里长出来的	132

认知类

读和写

信息	056
空信箱	060
鹅和驴子	063
情书	066
一起学	068

数数和测量

市政剧院的圆柱	026
卷尺的转换、分解和重构	071
苹果的价格	076
关于计算成本的思考	081